Click

Bill Tancer

Click

O que milhões de pessoas estão fazendo on-line e por que isso é importante

tradução:
Renato Marques de Oliveira

EDITORA GLOBO

EDITORA GLOBO

Título original: Click - What Millions of People Are Doing Online and Why It Matters

Publicado originalmente nos Estados Unidos e no Canadá por Hyperion como CLICK.
Esta edição traduzida foi publicada por meio de contrato celebrado com Hyperion.

Preparação Antonio Faria
Revisão Silvana Marli de Souza Fernandes
Índice remissivo Luciano Marchiori
Editoração eletrônica Lara Bush
Capa Epizzo Serviços Editoriais

1ª edição, 2009

CIP-BRASIL. CATALOGAÇÃO-NA-FONTE
SINDICATO NACIONAL DOS EDITORES DE LIVROS, RJ

T167c Tancer, Bill

Click : o que milhões de pessoas estão fazendo on-line e por que isso é importante / Bill Tancer ; tradução Renato Marques de Oliveira. - São Paulo : Globo, 2009.

Tradução de: Click : what millions of people are doing online and why it matters
Inclui bibliografia
ISBN 978-85-250-4634-5

1. Usuários da Internet - Estados Unidos - Comportamento humano. I. Oliveira, Renato Marques de. II. Título.

09-0177. CDD: 006.312
CDU: 004.83
19.01.09 23.01.09 010567

Editora Globo S.A.
Av. Jaguaré, 1485
São Paulo, SP, Brasil
CEP 05346-902
www.globolivros.com.br

Para Lori

Sumário

Parte 2. O que é possível fazer com o que sabemos

Agradecimentos

Se você desse uma olhada pela nossa casa, rapidamente descobriria minha obsessão por livros. Para a consternação da minha esposa (embora ela também tenha sua própria coleção), há livros espalhados por toda parte: nas estantes, que é o lugar deles, no criado-mudo, na cozinha, empilhados nos cantos e amontoados sobre todas as superfícies disponíveis. Adoro livros, mas o processo de escritura de *Click* me fez perceber que, mesmo sendo um consumidor voraz de páginas impressas, na verdade eu subestimava os livros. Eu não tinha a menor ideia de quantos indivíduos de talento são necessários no percurso que leva de um conceito inicial ao produto pronto e acabado. Escrever um livro é uma tarefa difícil e coletiva.

Click é baseado em meu trabalho na Hitwise. Acho difícil pensar na Hitwise como uma empresa. Considero meus colegas uma parte ampliada da minha família espalhada por quatro continentes. Tive a sorte de contar com Tessa Court como minha campeã interna na Hitwise, mas fui igualmente afortunado por poder trabalhar com Andrew Walsh e Chris Maher na transformação deste livro em realidade. Tenho uma profunda dívida de gratidão para com os analistas da Hitwise, tanto do passado como do presente: Heather Hopkins, que inspirou o capítulo sobre "o ponto de desequilíbrio"; LeAnn Prescott, a primeira a descobrir o fenômeno dos vestidos de baile de formatura; bem como Robin Goad, Heather Dougherty, Sandra Hanchard e Eva Stringleman, que serviram como fontes inesgotáveis de inspiração; e um agradecimento especial para Matt Tatham, relações públicas da Hitwise, por ajudar a espalhar a notícia.

Este projeto jamais teria saído de seu estágio conceitual se eu não tivesse tido a felicidade de contar com uma das agentes literárias mais talentosas do planeta, Melisssa Flashman, do Trident Media Group. A empolgação de Melissa com *Click* foi eletrizante e contagiante. Como autor de primeira viagem, tirei a sorte grande ao ter Mel como minha agente.

Eu sabia que tinha encontrado na Hyperion a editora certa para *Click*. Muito obrigado a Bob Miller e Ellen Archer por abraçarem com tanto entusiasmo o conceito do livro e apoiar o que eu tenho a dizer. Obrigado a Gretchen Young por seu trabalho zeloso e ponderado para guiar-me na direção certa; a Beth Gebhard e Alex Ramstrum por elaborarem uma maravilhosa campanha de publicidade; e a Jane Comins e Sarah Rucker e sua equipe. Rick Willet, que cuidou da revisão de *Click*, merece reconhecimento especial pelo tedioso trabalho de corrigir meus erros de gramática e ortografia e transformar o manuscrito em algo legível. Obrigado também a Elizabeth Sabo, que serviu como meu canal de comunicações junto à equipe da Hyperion.

Obviamente há os amigos que estiveram do meu lado ao longo do processso de escritura do livro e aqueles que fui fazendo pelo caminho. Obrigado a meu colega de escritório e parceiro de almoços, Luke McGuiness, que foi sempre uma solícita caixa de ressonância. Rafael Zorrilla merece crédito por ter criado o título do primeiro capítulo do livro. A sigla PPC tem significado específico no jargão do marketing on-line, mas Rafael criou sua própria definição, que tomei emprestada com a sua permissão. Obrigado a Daisy

Whitney por sua inspiração e alívio cômico, e obrigado aos "Galos de Briga" (Bill, Jim, John, Bruce, Norm, Tim e Gregg), meu grupo de ciclistas aos sábados, por me deixarem pedalar bem atrás do pelotão para que eu pudesse ir pensando no que escrever a seguir.

Não posso me esquecer do maravilhoso apoio da minha família. Obrigado aos meus pais, Marty e Sheila Tancer, que sempre apoiaram e encorajaram todas as minhas empreitadas, e a minha sogra, Paulette Minden, cujo otimismo em relação a *Click* foi fonte constante de inspiração.

Por fim, assim que terminei *Click* me ocorreu que realmente deveria existir um grupo de apoio aos cônjuges, o outro lado dos escritores. Minha incrível esposa Lori, a quem dediquei *Click*, não hesitou por um único instante nem tirou o corpo fora quando anunciei que escreveria um livro (para ter uma ideia sobre o que isso significa, você teria de levar em conta todas as minhas antigas ideias imaturas e/ou apenas esboçadas). Ao longo do processo, Lori sempre esteve comigo e lidou com o mau humor que faz parte do ato da escrita, sem contar as intermináveis conversas e perguntas sobre vestidos de baile de formatura. Quando foi preciso, ela deu uma de sargento linha-dura nos momentos em que eu estava cansado demais para continuar. Obrigado por estar sempre ao meu lado, e por me dar a inspiração e o apoio que ajudaram a fazer de *Click* uma realidade.

INTRODUÇÃO

NO CAMINHO DE CASA PARA O TRABALHO, entre San Mateo e São Francisco, ouvi no rádio algo que me soou estranho. O repórter estava conversando com um psicólogo britânico sobre a terceira semana de janeiro, que supostamente seria a mais deprimente do ano. O entrevistado detalhou como havia chegado àquela conclusão a partir de uma fórmula matemática por ele desenvolvida, e que combinava promessas de mudança para o Ano-Novo não cumpridas, dívidas no cartão de crédito e padrões climáticos. Somados, todos esses fatores apontavam a terceira semana de janeiro como a mais deprimente do ano. Parecia uma história convincente. Mas eu achei difícil acreditar.

Embora eu seja entusiasta de fórmulas matemáticas, será possível elaborar alguma que capte a propensão de uma determinada sociedade para a depressão? Provavelmente, isso é impossível de detectar até mesmo por meio de entrevistas com uma ampla amostra da população. Afinal, podemos esperar que as pessoas respondam com honestidade a perguntas sobre depressão? Não. Ademais, eu não acreditava naquela história porque semanas antes fizera um gráfico de buscas por "depressão", e sabia que a semana mais deprimente do ano ocorria perto do Dia de Ação de Graças, em novembro. E como é que eu sabia disso?

A partir de uma amostra de dez milhões de usuários da internet nos Estados Unidos, eu estava interessado em ver quando as pessoas fazem buscas ao termo "depressão". Meu processo mental foi o seguinte: se, como sociedade, ficamos mais deprimidos durante certos períodos do ano, uma porcentagem de nós, a fim de procurar ajuda, vai recorrer a nossos confidentes mais próximos, um lugar em que possamos fazer perguntas sem medo de sermos julgados. Faremos buscas no Goggle, no Yahoo! Search ou no MSN Search.

Minha primeira representação gráfica de buscas ao termo, cobrindo um período de dois anos, não acrescentou muita coisa. Mostrava um padrão que parecia refletir o calendário escolar. O que provavelmente se devia ao fato de que crianças e adolescentes em idade escolar estavam usando esses sites de busca para fazer trabalhos sobre o tema da Grande Depressão econômica iniciada em 1929. Sem me abalar, criei um novo gráfico, dessa vez combinando o volume de buscas a antidepressivos comuns, como Zoloft, Cymbalta e Lexapro. Quando descartei as ocorrências ligadas à Grande Depressão e levei em consideração apenas os medicamentos, o padrão ficou bastante claro: um número significativo de nós recorre aos sites de busca na semana do Dia de Ação de Graças na esperança de entender nossa tristeza recorrente durante as festas de final de ano.

Aquela era uma manhã típica para mim. Geralmente, depois de ouvir as notícias, ler as manchetes dos jornais e captar trechos de conversas dos colegas de trabalho, sinto uma necessidade febril de correr para o computador para ver se consigo lançar luz sobre algum tópico "do momento" nas buscas realizadas por internautas ou na frequência de visitas a determinados websites. Às vezes, associações aleatórias simplesmente pipocam em minha mente, e recorro aos termos de busca para ver se existe alguma relação. Esse mergulho na poderosa casualidade dos dados tem suscitado em mim várias questões interessantes, desde o motivo pelo qual as buscas a vestidos de baile de formatura atingem seu pico em janeiro, até a conexão existente entre a luta livre feminina e a arbitragem de dados financeiros. Que dia da semana é o mais popular para visitas a websites pornográficos? O que mais nos causa medo? Quais as perguntas que ocupam a nossa mente? Como a nova web 2.0 contribui para criar os novos vencedores e perdedores da sociedade?

As respostas para essas perguntas e muitas outras podem ser encontradas numa gigantesca base de dados sobre o comportamento na internet. Passo os meus dias (e várias de minhas noites) investigando o que há de recôndito nos dados. Quando não consigo dormir, me pego analisando cuidadosamente gráficos de tráfego, diagramas de demografia e psicografia, remoendo e examinando diferentes conjuntos de informações a partir de diferentes ângulos.

De início, o que me deixou perplexo é que uma enorme quantidade de dados na verdade representa algo muito maior. Se dedicássemos mais tempo para levar em conta todos os diferentes elementos do nosso uso da internet, começaríamos a compilar uma imagem cada vez mais clara de quem somos e do que exatamente ocupa nossa mente. O "quem" a que me refiro é uma amostra de mais de dez milhões de usuários da internet nos Estados Unidos, e a base de dados é um conjunto anônimo e agregado daquilo que esse gigantesco universo de usuários faz on-line todo dia. O "o quê" é uma empresa chamada Hitwise, firma para a qual trabalho como gerente-geral de pesquisa global.

Às vezes tenho dificuldade em lembrar exatamente o que eu fazia antes de trabalhar para a Hitwise. Mas lembro-me de que um telefonema de vendas — um telefonema de Chris Maher, que à época era o gerente-geral do mercado norte-americano da companhia, e que mais tarde se tornaria presidente da empresa — mudou os rumos da minha carreira. Esse telefonema me levaria a assumir um emprego que me colocaria em contato com dados tremendamente ricos, e em pouco tempo eu me veria nas suítes executivas de algumas das principais empresas nos Estados Unidos e no exterior, passaria a ser convidado para dar palestras nas melhores universidades, assinaria uma coluna semanal na revista *Time*, e, por fim, escreveria este livro. Obviamente eu não sabia que aquela ligação resultaria numa mudança tão grande de vida, e na ocasião fiquei incomodado com o barulho do telefone tocando na minha mesa, desviando a minha concentração.

Na época eu trabalhava como chefe de desenvolvimento e vendas da LookSmart, uma máquina de busca que contava com uma numerosa equipe de editores para injetar dados e pontos de vista humanos nos resultados das análises de buscas. Como chefe de pesquisa de mercado, eu estava preocupado com um gigantesco projeto que me caíra no colo.

Como mecanismo de busca, a LookSmart ganhava dinheiro de anunciantes que queriam que seus anúncios aparecessem quando um consumidor digitava uma palavra em particular em nossa caixa de buscas. Assim, se eu estivesse no ramo de venda de cristais Waterford, quando um consumidor digitasse esse termo particular, ou apenas o termo "cristal", eu gostaria que um anúncio da minha loja de cristais on-line aparecesse nas listagens, com a esperança de que o usuário talvez clicasse nele e por fim acabasse comprando cristais em minha loja virtual. Para tanto, eu entraria em acordo com a LookSmart para pagar uma pequena taxa, quem sabe de dez centavos de dólar, toda vez que um internauta clicasse no anúncio do meu cristal Waterford na página de resultados do mecanismo de busca.

De uma perspectiva de vendas, havia um grande problema nesse modelo de negócios. A equipe de vendas da LookSmart (ou, a bem da verdade, qualquer equipe de vendas de qualquer máquina de busca naquela época) não tinha a menor ideia acerca de seu inventário de buscas por uma expressão particular, tais como "cristal Waterford" ou simplesmente "cristal". Esse problema significava que nossa equipe de vendas estava basicamente trabalhando às cegas. O pessoal podia passar dias, semanas ou meses vendendo uma campanha de buscas para um anunciante apenas para descobrir que ninguém estava de fato procurando os termos que interessavam ao anunciante.

Sentado comigo no café no edifício da LookSmart, um velho galpão reformado na Second Street, em São Francisco (um espaço enorme, com vigas à vista, reminiscência da era ponto.com), Robert Goldberg, que à época chefiava o setor de desenvolvimento de vendas e negócios para a LookSmart, explicou o problema nos seguintes termos: "Tenho uma equipe que está vendendo um monte de produtos a partir de um galpão, mas não existe um sistema para me dizer o que há dentro do galpão; não há sequer uma porta ou janela nesse galpão — somos simplesmente obrigados a adivinhar o que há ali dentro". Imagine gerenciar uma empresa de vendas sem a menor visibilidade acerca do que está sendo vendido. O potencial para a ineficiência era enorme.

Eu tinha em mãos um CD-ROM que Robert despachara para minha mesa com uma amostra do nosso maior conjunto de dados na época, equivalendo a uma semana de pesquisas no mecanismo de busca do MSN da Microsoft. Essa única fatia de atividade on-line, para uma única semana do ano, continha 40 milhões de termos de busca. De alguma maneira, a partir daquele gigantesco arquivo eu tinha de encontrar um jeito de estimar qual era nosso conjunto de termos no varejo, isto é, quantas buscas havia para diferentes modelos de carros, o que as pessoas digitavam numa máquina de busca quando estavam tentando navegar até um serviço de namoro, e assim por diante. Uma hora se passara e eu ainda não tinha saído da frente da tela do meu computador, rolando para cima e para baixo o arquivo com a amostra dos 10 mil principais termos que eu tinha baixado no Excel.

O telefonema da Hitwise veio naquele que considerei o pior momento possível, mas que depois acabou sendo a hora certa. Eu precisava voltar a falar com Robert para apresentar minhas ideias sobre a estimativa do nosso estoque de "bens" e não tinha tempo a perder ouvindo uma ligação de vendas. Pedi desculpas a Chris e marcamos um novo telefonema para o dia seguinte. Mas, antes de desligar, ele perguntou sobre as dificuldades que eu estava tendo na LookSmart. Uma vez que eu estava desesperado tentando encontrar respostas, decidi colocar meu novo conhecido a par do problema, mas mencionei apenas uma pequena peça do quebra-cabeça. "Estou tentando estimar o interesse no setor de casamento", eu disse (já que teria de aturar um telefonema de vendas, quem sabe eu pudesse sair ganhando alguma coisa com isso).

No dia seguinte, antes da ligação (o que, aliás, não era um bom sinal), recebi um arquivo em PowerPoint de 45 páginas, e propositalmente reservei apenas trinta minutos para o telefonema caso eu precisasse escapar.

Não precisei avançar muito na leitura para entrar em estado de êxtase. Até então minhas fontes externas de dados eram baseadas no que eu julgava serem grandes amostras, entre 40 e 100 mil usuários da internet nos Estados Unidos. O segundo slide apresentava os dados que eu estava procurando com base em uma amostra de mais de dez milhões de internautas. Aquilo era inacreditável! E eu nem sequer tinha certeza de que estava de fato acreditando.

Na mesma hora, um pensamento me ocorreu: eu estava tentando resolver meu problema de estimativa examinando o equivalente a uma semana de dados, quando o gráfico à minha frente demonstrava claramente o quanto a atividade na internet pode ser sazonal. Os picos de tráfego a sites de casamento ocorrem, previsivelmente, durante os meses de verão (a temporada de casamentos), mas um olhar mais atento sobre os padrões de termos de busca relacionados a casamentos, como "vestidos de casamento", mostra um padrão bastante diferente, com os picos de buscas ocorrendo durante as primeiras semanas do ano. O comportamento de busca agregado podia nos mostrar os picos de demanda do consumidor para vários produtos e serviços. Fiquei encantado.

Mas convencer meu chefe era outra história. Quando expliquei como os dados daquele novo vendedor podiam nos proporcionar detalhes minuciosos sobre todos os principais sites dos EUA, ele nem achou que eu estivesse falando sério. Para convencê-lo da precisão dos dados, elaborei um plano. Uma vez que controlávamos os principais resultados do mecanismo de busca do MSN, tínhamos considerável controle sobre o volume de tráfego de buscas que um site poderia receber a partir do MSN. Durante dois dias de novembro, como teste, colocamos um site chamado TripAdvisor (que na ocasião ainda era pequeno) nas primeiras posições dos resultados do MSN. Sem revelar as datas, pedi a Chris que representasse graficamente o tráfego para o TripAdvisor ao longo de vários meses. Concordamos que se ele conseguisse identificar com precisão os dois dias usando os dados da Hitwise, ganharia um novo cliente. Cinco minutos depois o gráfico chegou, e obviamente ele tinha acertado em cheio os dias exatos.

Depois de assinar o contrato, assim que comecei a usar os dados da Hitwise na LookSmart, me encontrei diante de um dilema. Agora tinha na ponta dos dedos uma lente de aumento voltada sobre o comportamento agregado de uma das maiores amostras existentes. Naquela época eu podia estudar mais de 500 mil websites de 154 diferentes categorias, e os dados eram atualizados todo dia com novas informações. Sofri um pouco de paralisia por análise, tentando imaginar por onde começar naquela base de dados. Mas isso não durou muito. Rapidamente percebi que havia constatações e sacadas por toda parte, desde a eficácia do plano de marketing de um concorrente até a avaliação do interesse em um filme ainda a ser lançado por meio da determinação do volume de tráfego de visitas ao site oficial do filme.

Percebi que estava perdendo a noção do tempo, passando horas à cata de aspectos interessantes nos dados, seguindo trilhas que levavam a conclusões contraintuitivas. Eu não tinha tempo suficiente para meu emprego efetivo. E então fui sondado pela Hitwise para trabalhar em tempo integral como chefe de pesquisa, atuando como uma espécie de "evangelizador" cuja tarefa seria mostrar aos clientes como utilizar esse imenso tesouro de dados, e educar o mercado em geral sobre o valor da inteligência competitiva on-line.

Sobre os dados

As histórias e exemplos que aparecem neste livro são baseados em dados coletados pela Hitwise Competitive Intelligence Service. A menos que seja especificado de outra maneira, fiei-me na amostra dos EUA. (A Hitwise compila dados dos Estados Unidos, Reino Unido, Hong Kong, Cingapura, Austrália e Nova Zelândia.) A amostragem dos EUA contém comportamento de uso de mais de dez milhões de usuários da internet, e está agrupada de duas maneiras. A metodologia primária, baseada em acordos com múltiplos provedores de todo o país, anonimiza e agrega dados de uso de mais de 7,5 milhões de internaturas. Os dados são coletados a partir de diversos provedores para a obtenção de um corte transversal de internautas, regionalmente. A amostra de provedores é suplementada por múltiplos painéis *opt-in*,* ou grupos de usuários da internet que concordaram em ser monitorados e forneceram informação demográfica. Essa informação nos permite elaborar relatórios sobre os perfis demográficos e psicográficos de visitantes de vários sites e categorias de sites. Tanto os dados dos provedores como os dados *opt-in* são atualizados todo dia, fornecendo informações de uso referentes ao dia anterior. Os dados de termos de busca são atualizados semanalmente, e os dados demográficos e psicográficos são baseados numa média de quatro semanas de uso.

Sobre a Privacidade

Quando mostro pela primeira vez a um amigo, jornalista ou potencial cliente os dados a que temos acesso, uma das perguntas mais comuns que me fazem é: "E quanto à privacidade dos usuários? Esses dados que estamos compilando não estão violando a privacidade do usuário final?". Como empresa, sabemos que é do nosso interesse proteger a privacidade dos usuários finais. E fazemos isso por meio de diversos mecanismos.

Em primeiro lugar, nossos parceiros provedores e de dados *opt-in* tornam anônimos e agregam os dados que são enviados para nosso sistema. Em outras palavras, não temos condições técnicas

* *Opt-out*, *opt-in* e *double opt-in* são termos em inglês para definir a forma de obtenção da permissão do proprietário dos dados para que se enviem comunicados comerciais. No caso do *opt-out* são bases de dados em que a permissão é pressuposta e o destinatário é que tem de negar seu consentimento. No caso do *opt-in* é o oposto: o proprietário dos dados tem de dar autorização para que seja incluído na base de dados. No caso do *double opt-in*, o internauta dá o seu consentimento e reconfirma uma segunda vez, ou seja, registra-se no site e a seguir recebe um e-mail de confirmação, ao qual deve responder aceitando a incorporação. Assim, *opt in* é uma forma autorizada e adequada de um site coletar endereços de e-mail dos visitantes, ou a permissão concedida pelo destinatário a alguém para receber seus e-mails. Alguns textos traduzem *opt-in* como "opção de entrada" ou "adesão voluntária ou optativa". (N. T.)

de rastrear nossos dados até os internautas individuais (e nem queremos). Estamos mais interessados em rastrear tendências gerais e descobrir informações reveladoras sobre como os usuários, em conjunto, estão usando a web. Também apagamos informações de nossos dados de termos de busca para remover elementos identificáveis (números de telefone, números de cartões de crédito, números de seguro social, e assim por diante).

Sobre o livro

Este livro é apresentado em duas seções. Na primeira parte, você pegará uma carona na exploração de fascinantes aspectos dos dados que obtivemos ao longo dos anos. Das visitas ao lado mais obscuro da internet e nossos hábitos em torno de pornografia, remédios e cassinos à compreensão de nossa obsessão pelas celebridades, você verá que o comportamento na internet pode revelar os motivos por que fazemos as coisas que fazemos. Falaremos sobre as perguntas que fazemos aos mecanismos de busca e o que elas dizem sobre nós, coisas que gostaríamos de aprender, ou simplesmente perguntas gerais como "por que o céu é azul?". Também trataremos de como as mais recentes inovações nas comunicações da internet mudaram a maneira como interagimos uns com os outros.

Na segunda parte do livro exploraremos tanto usos efetivos como teóricos dos dados, desde as aplicações táticas que definem a indústria da inteligência competitiva on-line ao empolgante potencial dos dados para identificar tendências e até mesmo para prever qual será a próxima grande estrela do rock.

O lugar mais adequado para iniciar nossa jornada ao comportamento da internet deve ser o âmago da rede. No mundo do marketing da internet, a sigla PPC significa "pay per click" (pague-por-clique ou pagamento-por-clique), modelo de negócios que trata de quanto uma empresa estaria disposta a pagar pelos usuários que clicam em seu anúncio. No meu mundo, porém, e no capítulo 1 do livro, PPC tem também uma definição diferente: refere-se a "pornografia, pílula e cassinos". Os dados da internet relativos aos nossos vícios demonstram o quanto os dados da inteligência competitiva podem ser atraentes, desde a compreensão do fluxo e refluxo do tráfego a websites até a descoberta de quem são as pessoas que visitam esses sites, e o que exatamente está por trás de sua decisão de visitá-los.

Parte I

Compreendendo-nos melhor

Capítulo 1

PPC: Pornografia, pílulas e cassinos

Em 2006, o governo federal americano declarou que a internet era 99% livre de pornografia, com base em um estudo conduzido pelo professor Philip Stark, da Universidade da Califórnia, em Berkeley. O estudo, que examinava sites indexados pelo Google e pela Microsoft, concluiu que apenas 1% dos sites era de páginas pornográficas. Contudo, do outro lado do espectro, alguns estudos apontavam que as visitas a sites pornográficos da rede compunham 40% de toda a atividade on-line. Diante de tamanha variação de resultados, onde estaria exatamente a resposta verdadeira?

Quando encontramos velhos amigos, é costume cumprimentá-los dizendo que eles estão ótimos (independentemente da verdadeira aparência da pessoa). Em parte como resultado de normas sociais, em parte devido ao nosso desejo de fazer com que nós mesmos e as outras pessoas se sintam bem, nem sempre dizemos o que realmente sentimos. Quando flagramos uma criança fuçando num pote de biscoitos — quando ela tem consciência de que não deve fazer isso —, sabemos que se fizermos a pergunta "o que você está fazendo?", há grandes chances de que a resposta obtida contradiga o comportamento observado. A história da zona obscura da internet, os nossos vícios on-line, começa aí, com nossa capacidade de negar a verdade. Às vezes dizemos o que de fato queremos dizer, às vezes não, mas as ações sempre falam mais alto do que as palavras.

Sexo vende. E às vezes sexo pode ser roubado. Basta perguntar a Gary Kremen.

Vi Gary pela primeira vez quando eu ainda trabalhava como chefe de pesquisa da LookSmart. Gary viera ao escritório para explorar a potencial relação entre nossa empresa e um de seus empreendimentos, o Galaxy Search, uma ferramenta de busca* que armazenava e encontrava informações sobre páginas da indústria de entretenimento adulto. Como todo buscador, a LookSmart tinha um "inventário" de termos de pesquisa relacionados a temas adultos (por "inventário" refiro-me a uma quantidade de buscas feitas por consumidores que passavam por nossos servidores).

Eu estava um tanto quanto hesitante com relação à reunião. Até então ainda não tínhamos pensado na ideia de descarregar nossas buscas adultas, e ao longo de toda a minha carreira eu já tinha ouvido histórias aterrorizantes sobre a indústria de entretenimento adulto, principalmente questões ligadas a dívidas e problemas legais. A situação se agravava pelo fato de que a sala de reuniões contígua à nossa estava ocupada pelos criadores de um programa de controle dos pais,** que na ocasião se encontrava em seu estágio inicial de

---

* Em português, a expressão *search engine*, que designa um website especializado em buscar e listar páginas da internet a partir de palavras-chave indicadas pelo utilizador, é traduzida de várias maneiras: "motor de busca", "motor de pesquisa", "máquina de busca", "ferramenta de busca", "site de busca", "mecanismo de busca", ou, simplesmente, "buscador". (N. T.)

** *Parental control*, no original: programas que impedem o acesso de crianças a sites cujo conteúdo é considerado inadequado pelos pais, utilizando-se de palavras-chave inseridas num campo apropriado. Em português o termo é traduzido de diferentes maneiras: "controle de exibição", "controle dos pais", "controle de acesso", "controle do responsável" etc. (N. T.)

desenvolvimento (e os executivos de controle dos pais tinham a reputação de serem extremamente religiosos). Nem é preciso dizer que nossos vizinhos não eram grandes fãs da indústria de entretenimento adulto (ou talvez fossem, uma vez que sem a pornografia o emprego deles sequer existiria).

Logo no início da reunião, Gary começou a relatar sua aventura pelo âmbito do conteúdo adulto na web, especificamente sobre o fato de ter sido dono do domínio sex.com, que depois acabou sendo roubado. No início da década de 1990, Gary, então um representante de vendas de software autônomo, fora um dos pioneiros no ramo de *squatting* [ocupação indevida], roubando nomes de domínios (a prática de registrar múltiplos domínios da internet na esperança de vender esses nomes no futuro ou capitalizar sobre o fluxo de visitas às paginas roubadas). Gary teve algum sucesso no começo, comprando nomes de domínios como jobs.com (empregos), autos.com (automóveis) e housing.com (habitação), para citar apenas alguns.

Gary seguiu em frente e fundou o Match.com, atualmente um dos líderes da internet, que originalmente era um serviço de encontros e namoro baseado em e-mails que ele comprara por 2.500 dólares em 1994 (e pelo qual receberia depois a insignificante quantia de 50 mil dólares, além da assinatura vitalícia do site).[1] Contudo, o bem mais valioso de Gary era um dos domínios que ele tinha registrado em 1994, o sex.com.

Em 1995, passando em revista os registros de suas propriedades na internet, Gary ficou chocado ao descobrir que já não figurava mais como dono do domínio sex.com. O endereço, que se provaria ser seu bem mais valioso, estava agora nas mãos de uma figura suspeita que atendia pelo nome de Stephen Michael Cohen.

Kremen iniciou uma batalha legal que durou mais de dez anos, incluindo um julgamento de 65 milhões de dólares. A equipe de advogados de Kremen documentou que Cohen obtivera um lucro de 750 mil dólares mensais, receita advinda do esquema pague-por-clique do nome do domínio roubado.[2] À época, o sex.com era tido como um "domínio reservado" ou "domínio guardado", ou seja, um site sem conteúdo original, mas que contém links pagos para outros sites. Muitos usuários da internet, na esperança de encontrar conteúdo lascivo, clicam naqueles links pagos, o que gera receita para o dono do site. Em 2001, a Justiça transferiu para Kremen a casa de Cohen, uma propriedade de 910 metros quadrados em estilo espanhol em Rancho Santa Fé, completa, com quadras de tênis e voleibol.

Anos depois, Kremen acabaria vendendo de volta para Cohen o nome do seu domínio legalmente reocupado pelo valor de 12 milhões de dólares, e mais algumas propriedades de Cohen que haviam ido parar em suas mãos, incluindo dois lotes de terra em Tijuana, uma fazenda de criação de camarão e uma boate de strip-tease no México. A batalha legal, que se estendeu por uma década, envolvendo somas que ultrapassaram 100 milhões de dólares, foi originada por um simples nome de domínio, que não incluía nenhum conteúdo especial... Como se viu, um mero endereço da web era capaz de gerar uma fortuna em propaganda na internet com base na busca dos usuários por sexo.[3]

Assim que a reunião acabou, Gary mencionou a infame "festa sex.com" que ele daria em sua casa de Rancho Santa Fé na semana seguinte, e sugeriu que pegássemos um avião e fôssemos até o sul da Califórnia para conferir de perto. Uma rápida imagem passou pela minha mente: a cena em que eu tentava convencer minha esposa de que tinha de voar até San Diego para participar da festa de arromba do domínio sex.com. A avaliação que fiz da situação concluiu que minha chance de ir à tal festa era virtualmente nenhuma.

Enquanto acompanhava Gary até o elevador, comecei a pensar sobre como um pequeno domínio poderia render tanto dinheiro, sem virtualmente conteúdo algum, a não ser links pagos. Se isso era a indicação de alguma coisa, o lucro gerado pela indústria de entretenimento adulto on-line teria de ser gigantesco. A caminho da minha mesa, perguntava-me que tipo de dados eu poderia consultar para estimar a receita potencial daquela indústria. Mas eu sabia que seria difícil obter dados sólidos e confiáveis.

***

Minha escrivaninha era uma bagunça. Folhas e mais folhas impressas de listagens de diferentes gráficos, tabelas, taxas de crescimento, gastos em publicidade e propaganda estavam espalhadas por toda a superfície, e isso apesar de todo aquele montante de informações sobre a indústria existir em meu e-mail e se encontrar também armazenado na lista de favoritos do meu navegador. Mas em matéria de dados sou muito tátil, e sempre encontro inspiração nas anotações que escrevo à margem dos vários relatórios. Embora eu não tivesse encontrado muitos números sobre a indústria de entretenimento adulto on-line, havia um estudo que estimava que o setor gerava 97 bilhões de dólares por ano. Alguns afirmam que essa cifra é desvairadamente exagerada, ao passo que para outros tais números subestimam e avaliam mal as receitas efetivamente derivadas do conteúdo adulto. Uma das questões que causam confusão no que tange à estimativa do tamanho dessa indústria é a dificuldade de uma leitura criteriosa do consumo de pornografia. Há duas fontes potenciais de informação acerca do tamanho desse mercado: aquilo que as partes fornecedoras e vendedoras informam como seu lucro e a frequência com que os consumidores afirmam visitar os sites.

Começando com os produtores de conteúdo pornográfico: será essa uma fonte confiável? Nada contra eles. Na verdade, na área da pesquisa é fato amplamente aceito que não é uma estratégia sensata usar apenas um lado da equação para estimar um mercado, especialmente se um dos lados tem motivos para fazer com que seus números pareçam maiores. Neste caso, seria claramente do interesse dos produtores superfaturar seus lucros, potencialmente atraindo mais investimentos e mais dinheiro destinados à propaganda do setor. Por outro lado, seria possível focar a atenção na demanda e fazer a pergunta aos consumidores de entretenimento adulto. Mas aí a coisa era ainda mais problemática.

Imagine a elaboração de uma pesquisa cujo intuito é avaliar o consumo efetivo de pornografia. Talvez fosse algo mais ou menos assim: o telefone toca, quem sabe por volta das sete e meia da noite, exatamente na hora em que o sujeito da pesquisa está jantando. "Alô, estou realizando uma pesquisa em nome da empresa 'x' de pesquisas de mercado. O(A) senhor(a) gostaria de responder a algumas perguntas sobre seu interesse em pornografia on-line?". Essa hipotética interrupção da noite dos entrevistados apresenta dois problemas: 1) Quem estaria disposto a realizar/responder a tal pesquisa?; e 2) Poderíamos confiar nas respostas dadas pelos entrevistados?

Na era das "listas não-me-ligue",* do correio de voz e da crescente cautela com relação a pessoas estranhas, está ficando cada

* O cadastro *Do not call* ("não-me-ligue"), aprovado pela legislação norte-americana em 2003, é uma lista de pessoas que não querem receber ofertas de telemarketing por telefone, e para as quais as empresas estão proibidas de ligar sob pena de pagar pesadas multas a cada telefonema. No Brasil, a discussão ecoou com o anúncio, feito pela Associação Brasileira de Marketing Direto (Abemd), do lançamento de um cadastro semelhante, o "Não-quero-receber-ofertas". Em outubro de 2008, o governo do estado de São Paulo sancionou a Lei do Cadastro para Bloqueio do Recebimento de Ligações de Telemarketing, medida que visa coibir ligações telefônicas de telemarketing ativo, muitas vezes invasivas e sem critério de horários. (N. T.)

vez mais difícil para as empresas de pesquisa de mercado incluir em seus estudos um conjunto representativo de respostas. Profissionais liberais jovens e ocupadíssimos e consumidores desconfiados e astutos estão optando por não participar desses projetos, deixando os pesquisadores à mercê apenas dos dados de pessoas mais velhas e condescendentes. Embora as "listas não-me-ligue" não se apliquem à pesquisa de mercado, o seu advento deu aos consumidores mais poder para lidar com telefonemas indesejados. O resultado final é uma pesquisa baseada num subconjunto da nossa população, e não numa amostragem abrangente.

A segunda questão é ainda mais crítica. Na condição de participantes de pesquisas, a maioria de nós se preocupa com a própria reputação, isto é, não queremos oferecer um vislumbre sequer de nossa vida cotidiana que possa fazer com que pareçamos pessoas imorais. Fazer perguntas sobre o consumo de material adulto on-line seria a pior situação possível para qualquer pesquisador. O problema está no conceito de "dissonância cognitiva".

Leon Festinger, professor de Stanford especializado em psicologia social, foi pioneiro na exploração da teoria da dissonância cognitiva em 1957, depois da publicação de seu livro *When Prophecy Fails* [Quando a profecia fracassa], no qual discutia as crenças de membros de um culto do Dia do Juízo Final que achavam que o mundo estava fadado ao fim nas mãos de seres extraterrestres. Quando a profecia se mostrou um fiasco, os membros do culto foram afetados pela dissonância. Eles tinham sido vítimas de lavagem cerebral para acreditar que o mundo rumava para o fim, embora a data já tivesse passado e o mundo continuasse existindo. A maior parte dos fanáticos resolveu essa dissonância argumentando que os alienígenas tinham decidido poupar o planeta graças à devoção demonstrada pelos membros do culto à sua causa.

Uma profecia apocalíptica fracassada sobre alienígenas é um exemplo extremo de dissonância. Esse conflito de crenças *versus* verdade pode aparecer em incontáveis lugares e situações, incluindo respostas inexatas a pesquisas.

Embora o entretenimento adulto venha ganhando certa aceitação em nossa sociedade, é raro ouvir alguém proclamar com orgulho que gosta de visitar sites pornográficos na internet. Na verdade, é razoável afirmar que a maioria dos consumidores de pornografia considera o conteúdo impróprio, imoral e até mesmo perverso, e mesmo assim continua visitando as páginas, o que fica evidente pelos bilhões de dólares que mudam de mãos todo ano nesse ramo de atividades.

Se voltarmos à pesquisa hipotética, talvez a questão da visita a sites adultos só apareça no meio da entrevista por telefone. Assim que o pesquisador dispara a pergunta "o(a) senhor(a) visita sites adultos on-line?", a dissonância cognitiva faria com que os entrevistados rapidamente racionalizassem a lacuna existente entre a verdade (sim, eles de fato visitam os sites pornôs) e o pensamento dissonante de que essa atividade é, em certos aspectos, indecorosa. A resposta, então, com o intuito de salvar as aparências e resolver o conflito, fica usualmente bem aquém da verdade, algo do tipo: "Não, eu não visito sites adultos on-line".

Se por meio dos produtores e vendedores não conseguimos um número preciso, e já que aparentemente também não podemos confiar na resposta dos consumidores, como vamos conseguir calcular o tamanho da indústria pornográfica, ou das apostas on-line, ou de qualquer outro tema que cause dissonância?

A resposta está naquilo que eu faço para ganhar a vida, examinando os comportamentos anônimos e agregados de milhões de usuários da internet nos Estados Unidos.

***

Observando nossas visitas coletivas a websites adultos temos condições de obter dados sobre a indústria de entretenimento adulto on-line em relação aos demais conteúdos da rede. Qual porcentagem do nosso tempo on-line é gasta navegando por sites adultos, e de que maneira informações demográficas e de busca podem oferecer percepções perspicazes acerca daquilo que direciona nossos interesses lascivos? Uma vez que tais dados se mostraram enganosos usando-se métodos tradicionais de pesquisa de mercado, fiquei fascinado pelo tema.

Por causa do baixo custo de criação, há mais de 40 mil de sites adultos em nossa base de dados. É mais que o dobro de todos os sites de vendas a varejo que rastreamos. Uma das coisas que chama a atenção com relação à distribuição de sites pornográficos é o grau de fragmentação. Os 500 sites principais respondem por apenas 56% de todas as visitas da categoria adulta (em contraste, os 500 sites de vendas a varejo mais importantes são responsáveis por 76% de todas as visitas). Sem dúvida, em razão da proliferação de vídeos on-line, a quantidade de tempo dedicada a sites adultos está aumentando. Em média, de acordo com dados de agosto de 2007, usuários de internet gastam seis minutos e 29 segundos em qualquer site adulto no âmbito da categoria, 15% a mais que dois anos antes, quando a média de tempo era de cinco minutos e 38 segundos.

Tomados em conjunto, os 40 mil sites responderam por 10% de todas as visitas à internet em agosto de 2007, contra os 16% de agosto de 2005.

Hábitos Diários

Ainda que as visitas a sites adultos possam estar diminuindo num ritmo vertiginoso, um padrão se manteve ao longo dos últimos anos: os dias da semana em que estamos mais propensos a visitar páginas pornográficas. Segmentando os dados em incrementos diários, verificamos que a sexta-feira (mais provavelmente a noite de sexta) é, consistentemente, o pico semanal, seguida de perto pelo sábado.

No ano todo, o dia com menos visitas é o Dia de Ação de Graças, comemorado na quarta quinta-feira de novembro, talvez por causa do número de familiares presentes na casa. As visitas a páginas pornográficas durante os outros dias da semana tendem a permanecer constantes, 6% abaixo do pico da sexta-feira. Talvez a tradição anglo-cristã de descansar aos domingos, ou a partir do sabá, o sétimo dia, seja a razão pela qual entre todos os dias da semana o domingo seja aquele que, em média, tem o mais baixo índice de visitas a sites pornográficos.

Isso provavelmente é uma agradável surpresa para Mike Foster e Craig Gross, que anualmente celebram, no primeiro domingo de outubro, o Domingo Pornô, tradição que iniciaram em 2005.

Gross fundou o xxxchurch.com, que ele define como "o primeiro site pornográfico cristão" (o site é antipornografia). Viajando pelo país a bordo de uma perua Scion XB toda decorada, o ministério de Gross é um grupo religioso sem filiação com nenhuma igreja devotado à eliminação do vício em pornografia. De acordo com Matt Gross, certa manhã, enquanto tomava banho, Deus o visitou e disse uma única palavra: "pornografia". Esse chamado "sob as águas" levou Gross a iniciar sua missão, que inclui participar de feiras e convenções de entretenimento adulto, onde distribui exemplares da *Bíblia* ornados com os dizeres "Jesus ama estrelas e astros pornô".[4]

Visitas a websites adultos por dia da semana
(Dados sobre média diária em 2007)

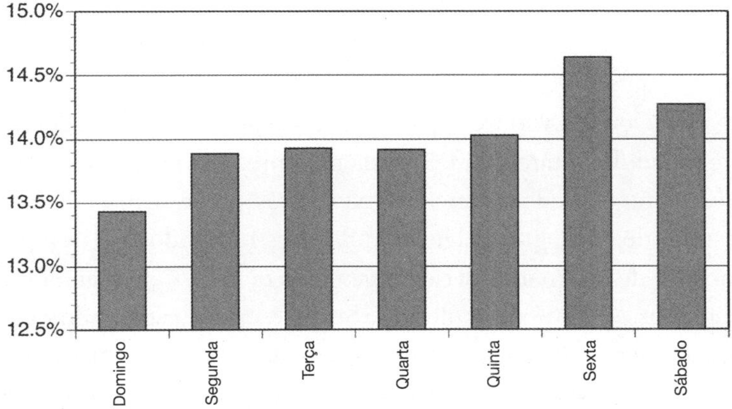

Fonte: Hitwise.

Com base na teoria de que é mais provável que os usuários da internet visualizem conteúdos adultos nos dias em que estão em casa e dispõem de tempo livre, seria de esperar que o fim de semana, tanto o sábado quanto o domingo, teria a maior frequência de visitas a sites adultos. Apesar da queda nos índices de pessoas que frequentam igrejas e do declínio no percentual da população norte-americana que se identifica como religiosa, o fato de o domingo registrar a porcentagem mais baixa de visitas à internet confirma outra teoria: nos Estados Unidos ainda existe alguma relação entre crenças religiosas, o respeito ao domingos, por exemplo, e a natureza tabu de se entregar a algum tipo vício. Uma hipótese possível para explicar a queda das visitas a sites adultos é que com o tempo a sociedade tornou-se mais religiosa. Porém, ainda que nossas raízes religiosas possam explicar por que o domingo é o dia que apresenta a frequência mais baixa em termos de acesso a material pornográfico na internet, existe pouca evidência para sugerir que nossas crenças religiosas de fato afetem o uso da pornografia online como um todo.

***

Solucionar a variável "quem" na equação dos conhecedores de material adulto é tarefa difícil, dada a natureza universal (excluindo, obviamente, a predominância de visitantes do sexo masculino) do consumo de pornografia. Dos 40.634 sites rastreados pela empresa de análise de internet Hitwise, uma média de 72,6% de visitantes era de homens e 27,4% de mulheres. Se você estava esperando que os frequentadores de páginas adultas fossem quase exclusivamente homens, provavelmente estava considerando conteúdo pornográfico na forma de imagens e vídeos. Contudo, se o foco for literatura erótica, a preferência feminina pela forma escrita torna-se clara. Por exemplo, o site AdultFanFiction.net, o maior de seu gênero, é visitado predominantemente por mulheres, e, como veremos, sua audiência é também de jovens entre 18 e 24 anos (54,6%), algo que está se tornando cada vez mais atípico nesta categoria.

A expressão *fan fiction* (ou o termo *fanfic*, "ficção criada por fãs") se refere a uma prática que outrora configurava um movimento underground cujas origens remontam a uma época bastante anterior à internet, designando obras de ficção criadas por fãs de outras obras preexistentes, como seriados de tevê, filmes, histórias em quadrinhos, e, neste caso, material erótico. O movimento da ficção criada por fãs tem raízes em revistas mimeografadas (os fanzines) produzidas, por exemplo, por entusiastas de *Jornada nas estrelas*. Hoje, muitos sites de *fan fiction* florescem na internet num formato em que os conteúdos são gerados pelos usuários, e em que os visitantes leem ou criam ficção baseada em romances, contos e personagens adultos já existentes.

Outra tendência digna de nota nos sites visitados por mulheres diz respeito a aspectos comerciais e gerenciais do entretenimento adulto. Numa indústria anteriormente dominada por produtores, diretores e fornecedores do sexo masculino, a composição do pessoal envolvido na administração de sites pornográficos comerciais, ou os sites que oferecem hospedagem, marketing e serviços transacionais para websites adultos revela agora uma crescente participação feminina.

Antes do surto de negócios do entretenimento adulto baseados no trabalho em casa, a produção de um filme pornô exigia uma equipe de filmagem, capital de investimento para a exibição e recursos para a distribuição da película para cinemas adultos, livrarias e sex shops. Com o advento da webcam e a facilidade de registro automático de domínio, hospedagem e pagamento, com investimento mínimo de 100 dólares para a aquisição de uma webcam (supondo-se que o aspirante a estrela pornô tenha um computador e uma conexão de alta velocidade) e pouco menos de 20 dólares mensais para cobrir os custos de domínio e hospedagem, um novo empreendedor pôde entrar no ramo.

***

Um desdobramento regional dos dados sobre visitantes de conteúdo adulto revela uma ligeira assimetria entre alguns estados, segundo a qual os usuários dos estados do Meio-Oeste estão mais propensos a visitar sites adultos que usuários do resto do país. Os estados com menor frequência de acesso a páginas adultas são os mais recentes da União: Havaí e Alasca. Esse padrão pode mudar dependendo da época do ano, particularmente durante o inverno, quando há um acentuado aumento da atividade pornográfica nos estados de clima mais frio.

Quando dividimos os usuários da internet por estado de acordo com seus contingentes "vermelho" e "azul",* e depois classificamos os sites adultos pelo porcentual de contribuição ao uso total naqueles estados, descobrimos que é mais provável que os visitantes dos vermelhos procurem sites de troca de esposas, webcams adultas, sites de encontros e namoros e páginas dedicadas a práticas tais como voyeurismo, ao passo que os usuários dos azuis estão mais propensos a visitar diretórios de serviços de acompanhantes e sites de artistas performáticos e atores e atrizes pornôs.

Visitas a websites adultos. Dez principais estados por índice

Estado	Representatividade por população on-line	Compartilhamento de tráfego
Ohio	124,03	5,87%
Minnessotta	121,74	2,51%
Wisconsin	120,61	2,38%
Iowa	117,22	1,00%
New Hampshire	117,12	0,61%
Colorado	115,00	2,19%
Massachusetts	114,56	2,90%
Indiana	114,37	2,53%
Kansas	113,96	0,79%
Virgínia Ocidental	112,00	0,52%

Fonte: Hitwise.

* Os termos *red state* e *blue state* se referem à geografia eleitoral norte-americana no que tange às eleições para a Presidência do país. Os estados vermelhos são aqueles em que as pessoas votam predominantemente no candidato do Partido Republicano, e os azuis, no Partido Democrata. O sistema de cores se aplica na diferenciação entre estados tidos como liberais (azuis) e conservadores (vermelhos). Os estados onde há equilíbrio são *purple* (púrpura). (N. T.)

Compreendendo o Declínio das Visitas a Sites Adultos

Quando comparamos as visitas a sites da categoria "redes e fóruns sociais" (em que entram todas as redes sociais ou de relacionamento, tais como MySpace e Facebook) às visitas da categoria "sites adultos", o padrão parece mostrar uma correlação negativa. Será que a atividade de redes sociais pode ser um substituto para os sites adultos?

Uma breve comparação sobre o fluxo de visitas em dois dias do verão de 2006 podem lançar luz sobre as relações de intercâmbio entre redes sociais e pornografia.

Participação de mercado de visitas a sites adultos e de redes sociais

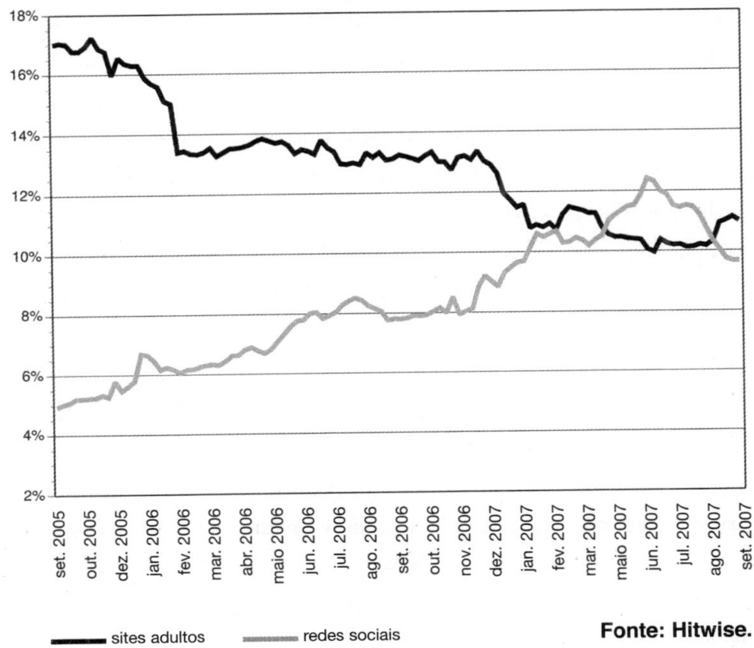

Fonte: Hitwise.

Em 2 de julho de 2006, um dia bastante quente no sul da Califórnia, alguma coisa deu muito errado no número 1.200 da rua West Seventh, em Los Angeles, endereço também conhecido como Edifício Garland, prédio que abrigava os servidores do MySpace. A página de entrada do mais popular nome de domínio da internet, que na época respondia por 4% de todas as visitas à internet nos Estados Unidos — mais de 17% de todas as páginas visualizadas — exibiu uma mensagem, curta e em tom casual, do fundador do serviço, Tom Anderson: "Oi, todo mundo! Houve uma interrupção de energia elétrica em nosso centro de dados. Neste exato momento estamos tentando arrumar a casa. Aguentem firme! Tom".

Como resultado do defeito, uma coisa curiosa começou a acontecer: conforme a notícia do problema se espalhou, as visitas ao MySpace aumentaram de maneira significativa. Uma explicação poderia ser que os usuários, exibindo sinais de vício na rede social, estavam acessando o site repetidamente na esperança de que a falha tivesse sido resolvida.

Para mim, na condição de pesquisador, o episódio ofereceu uma oportunidade única. O que aconteceria para preencher o vazio na vida dos usuários do MySpace quando o site saísse do ar ou ficasse indisponível? Naqueles dois dias de julho examinamos o resto da internet, por site e categoria, à procura de crescimentos incomuns na mesma fatia de mercado. Verificamos então que o Google teve o maior aumento em comparação com os dias anteriores da semana. É provável que isso tenha sido causado pelo fato de que os usuários começaram a procurar caminhos alternativos de acesso ao conteúdo do MySpace, bem como se dedicaram à navegação recreativa... Já que não consigo entrar no MySpace, então vou procurar aleatoriamente outras coisas para fazer na internet. E duas foram as categorias mais acessadas durante os problemas com o MySpace: os sites de namoro e os sites adultos.

Outra explicação possível para a queda na participação de mercado da categoria de sites adultos diz respeito às mudanças em termos de faixa etária ao longo do tempo. A porcentagem de indivíduos entre 18 e 23 anos que visitam a categoria diminuiu de 15,9% no final de 2006 para 13,4% no mesmo período de 2007. O mesmo é válido para a faixa de 25 a 34 anos, que caiu de 24,1% para 18,6%. Esses dois grupos etários também passaram por aumentos dramáticos em visitas a websites de redes sociais. Examinados em conjunto, os dados parecem indicar que existe de fato uma relação de troca ou compensação entre os dois tipos de sites. Padrões de termos de busca, mais especificamente a busca por sexo, confirmam de vez tal teoria.

"Sexo" é um dos termos de busca mais populares na internet, tendo ocupado a posição número 120 entre todas as buscas no verão de 2007. Uma busca do termo no Google resulta em 445 milhões de entradas em 0,07 segundos. As buscas por "sexo" também demonstram um padrão interessante: as consultas aumentam nos meses de verão e há um pico inexplicado na semana do Natal. (Esse é um dos fenômenos de busca sem solução que há muito tempo tem lugar cativo em meu arquivo de mistérios não solucionados. Uma explicação possível é que as visitas a sites pornográficos crescem vertiginosamente quando dispomos de mais tempo livre.) Se olharmos para dois anos atrás, quando os sites de redes sociais eram escassos e bem menores que hoje, as buscas por "sexo" resultavam numa ampla diversidade de sites, incluindo páginas dedicadas à educação sexual (www.sexetc.org) e artigos sobre sexo (www.salon.com). Quando avançamos para o verão de 2007, o mesmo termo de busca gerou tráfego em sites de vídeos on-line, uma enciclopédia social (www.wikipedia.org) e a rede social MySpace, indicando que o consumo de conteúdo adulto on-line migrou do mundo da exibição estática de imagens e vídeos para o mundo da web 2.0, no qual as mídias geradas pelos consumidores e as redes sociais desempenham agora papel fundamental.

Em novembro de 2007 escrevi sobre o tema das redes sociais *versus* a pornografia em minha coluna semanal on-line "Science of Search" [Ciência da Busca] da revista *Time*. Àquela altura eu já tinha adquirido mais de novecentos novos "amigos" no Facebook por meio de uma coluna similar postada naquela rede social uma semana antes. Vários universitários (todos, suponho, entre 18 e 24 anos) enviaram-me mensagens pelo Facebook comentando minha história. O tema predominante era que as redes sociais estavam substituindo as visitas a sites adultos porque ofereciam aos jovens internautas oportunidades sem precedentes de se conectar a outras pessoas solteiras. Para citar um de meus jovens amigos virtuais recém-adquiridos: "Quem precisa de pornografia quando o Facebook dá a chance de pegar alguém em carne e osso?". Talvez ele tenha razão. De fato, as visitas a sites de encontros e namoro on-line diminuíram, e a geração mais jovem passou a usar as redes sociais de primeira geração, tais como Friendster e outras.

Dados sobre o comportamento on-line estão lançando nova luz sobre tópicos que não eram tão prontamente acessíveis pelos métodos de pesquisa tradicionais. E essa nova visão tem aplicações que vão além da indústria de entretenimento adulto. Vejamos o caso do jogo, por exemplo.

***

No outono de 2005, eu me encontrava no porão do hotel Excalibur, em Las Vegas, e comecei a pensar: "O que estou fazendo aqui? Viajo regularmente pelo país todo, discursando em conferências sobre viagens e tecnologia e universidades de ponta... Como vim parar aqui?". Aquela era a minha primeira conferência sobre apostas on-line. Ao entrar no salão de exposições, fui recebido por uma mulher com um forte sotaque cockney, o dialeto da classe baixa de Londres. "Oi, benzinho", ela disse. Aproveitei a oportunidade para fazer algumas perguntas sobre a plateia do evento. "Posso estar enganado, mas as apostas on-line não são ilegais nos Estados Unidos? Sendo assim, não é arriscado para as empresas que trabalham no setor se reunirem em um local público?". Minha nova amiga se achegou a mim e sussurrou com um sorriso malicioso nos lábios: "Os que estão correndo algum risco aqui viajam sob pseudônimo".

Até hoje não sei se ela estava apenas brincando comigo, mas considerei que dissera a verdade e rumei para o auditório a fim de assumir meu posto no palco. Eu estava lá para apresentar o conceito de inteligência competitiva on-line para um grupo de pôquer e vinte-e-um on-line e sites de jogos de cassino. Quando participo de conferências comerciais, costumo olhar a lista de empresas presentes, escolher aleatoriamente uma delas e apresentar slides para mostrar pontualmente tudo o que consigo discernir sobre seu site específico: de onde se origina seu tráfego (máquinas de busca, campanhas de e-mail, afiliadas), qual é sua classificação em relação à concorrência e até mesmo os termos de busca que estão comprando para obter tráfego no site. Só lá pelo meio da apresentação passou pela minha cabeça que provavelmente não era uma boa ideia escolher alguém naquela plateia (cenas da série *Família Soprano* passaram pela minha mente).

Achei melhor encerrar logo a minha apresentação e sair dali o mais rápido possível. Quando eu já estava quase chegando à porta, um cavalheiro que gerenciava um site de pôquer da Costa Rica me barrou no caminho. "Estes dados são incríveis", ele disse. "Sempre achei que havia uma relação de intercâmbio entre apostas em esportes e pôquer on-line. Mas nunca tinha visto dados que comprovassem isso." Ele estava falando de um dos meus slides, que usava comportamento de busca para mostrar que o dinheiro envolvido nas apostas era um jogo de soma-zero.* Tive de ficar lá para explicar.

Em meu grupo de pesquisa, tínhamos constatado um padrão entre "pôquer on-line" e "apostas em esportes". Aparentemente, os dois termos eram negativamente correlacionados, ou, em outras palavras, quando as buscas por "pôquer on-line" aumentavam, as buscas por "apostas em esportes" diminuíam e vice-versa. Antes de elaborar o gráfico, partimos da teoria de que os apostadores on-line contavam com um orçamento limitado para tentar a sorte na internet. Uma vez que o pôquer on-line não é uma atividade sazonal, ou seja, ela é praticada o ano inteiro, se não havia interdependência entre as duas atividades não deveria haver trocas no tráfego.

O gráfico revelou, entretanto, que enquanto a atividade "apostas em jogos" atinge seu pico durante as temporadas de futebol americano e basquete, a ação do pôquer on-line diminui no mesmo período. Provavelmente, a melhor explicação para isso se dê em termos de uma troca: se não posso apostar em esportes, vou apostar em pôquer on-line em vez de esperar a próxima temporada esportiva. Meu amigo da Costa Rica tinha tido dificuldade para entender as oscilações sazonais de tráfego on-line. Mas o gráfico lhe oferecia uma nova explicação que fazia total sentido.

No campo da categoria "vícios", o tráfego das apostas on-line é pequeno em comparação com a pornografia. Se agrupássemos

---

* Num jogo de soma-zero, o benefício total para todos os jogadores, para cada combinação de estratégias, sempre soma zero (ou seja, um jogador só lucra com base no prejuízo de outro). O pôquer exemplifica um jogo de soma-zero (ignorando possíveis vantagens da mesa), porque o vencedor recebe exatamente a soma das perdas de seus oponentes. A maioria dos jogos clássicos de tabuleiro é de soma-zero, incluindo o xadrez. (N. T.)

todas as visitas a todos os sites de apostas (incluindo aqueles que oferecem informações sobre loterias de todos os cinquenta estados do país), elas corresponderiam a apenas 1/18 do total da categoria de sites adultos.

Volume de buscas por "apostas em esportes" e "pôquer on-line"

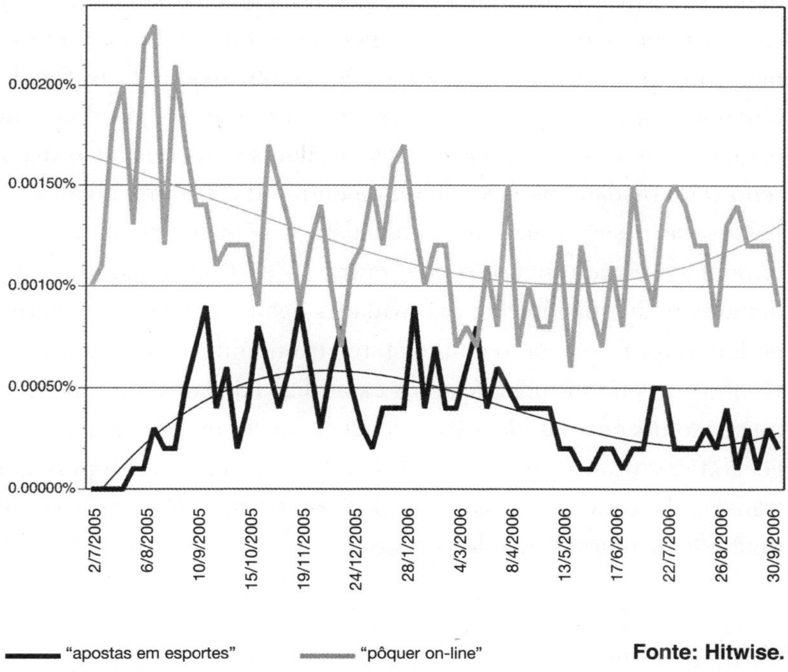

Fonte: Hitwise.

Como qualquer um pode constatar simplesmente perambulando por qualquer cassino em Las Vegas, Atlantic City ou Reno, as pessoas mais interessadas em jogar e apostar não são necessariamente aquelas que podem pagar por isso. De todos os visitantes da categoria "apostas on-line", 24,7% têm renda familiar inferior a 30 mil dólares por ano, e 53,5% dos visitantes ganharam 60 mil dólares ou menos por ano. E a razão por que as rodadas de altas somas nos cassinos são tão pequenas talvez derive do fato de que apenas 7% dos apostadores on-line estavam no grupo de pessoas de renda mais alta, isto é, aquelas que ganham mais de 150 mil dólares por ano.

O exame das diferenças entre jogadores de pôquer on-line e apostadores em esportes (durante os períodos de pico das competições esportivas e durante a pré e pós-temporada) ajuda a identificar o apostador que muda para o pôquer durante o fim da temporada em oposição ao jogador de pôquer obstinado e inveterado. Quando comparamos apostadores em esportes e jogadores de pôquer on-line, verificamos que os jogadores de pôquer têm maior representatividade na faixa de renda entre 60 e 100 mil dólares, ao passo que o segmento que muda para o pôquer apenas na pós-temporada é o de menor renda, entre 30 e 60 mil dólares, o que demonstra que na internet as atividades ligadas a apostas e jogatina podem diferir de acordo com o status econômico dos apostadores. Conforme veremos nos próximos capítulos, há claras diferenças no modo como pessoas de várias idades, níveis de renda e regiões geográficas usam a internet. Mas há ainda outros exemplos que transcendem todas as fronteiras demográficas. Vejamos o caso de uma pilulazinha mágica de cor azul.

***

De acordo com os números de certas empresas de análise da internet, a proliferação de spams* já bateu na casa dos 80% das

* Em termos gerais, spam é uma mensagem eletrônica não solicitada, enviada para grande número de destinatários, geralmente com fins publicitários, ou de caráter apelativo, incômodo e inconveniente. (N. T.)

mensagens que recebemos em nossas caixas de entrada. Ao que tudo indica, o spam está superando em esperteza os provedores e passando a perna nos filtros que tentam distinguir as mensagens relevantes e importantes para nossa vida de anúncios não solicitados de todo tipo de coisa, desde esquemas de enriquecimento fácil e rápido, *scams* (golpes, fraudes e "pirâmides") de bancos nigerianos, medicamentos para perda de peso, a várias geringonças que prometem aumentar o tamanho de nossos apêndices íntimos e, acima de tudo, proporcionar soluções de baixo custo para a disfunção erétil. Mais de 20% de todos os spams estão relacionados ao Viagra. Mas por quê? Será que todos os spammers — os indivíduos que enviam os spams — propagam esse tipo interminável de mensagem na esperança de que acabemos dando uma clicada num link para comprar remédios de algum paraíso fiscal?

Para os spammers do Viagra, trata-se de um jogo de números, às vezes com baixíssimas taxas de cliques,* na casa dos centésimos. Os spammers rapidamente aprenderam que se enviassem uma grande quantidade de e-mails poderiam obter algum lucro. Um spammer australiano foi acusado de enviar, no intervalo de um ano, mais de dois bilhões de e-mails.

Os spammers foram ficando cada vez mais criativos na hora de encontrar maneiras de enviar milhões de e-mails por dia e evitar a detecção. Os primeiros spammers da internet usavam um único servidor para propagar os spams, método que era facilmente rastreável.

* No original, CTR (*click-through rate*) significa o número de cliques num anúncio dividido pelo número de impressões da página de anúncios que aparece quando um bloco de links é clicado. A "taxa de cliques" é uma medida que ajuda a mostrar o desempenho e o sucesso de uma determinada campanha publicitária. Quanto mais relevantes, maior a frequência com que os usuários clicarão neles, resultando em um CTR mais alto. O sistema calcula seu CTR da seguinte maneira: número de cliques nos anúncios dividido pelo número de impressões vezes 100. Outras traduções possíveis são "taxa de clicagem" e "percentual ou porcentagem de visitas". (N. T.)

"Por sua vez, os spammers sofisticados usam programas parasitas conhecidos como 'cavalo de Troia'* para sequestrar computadores individuais e usá-los como servidores remotos para o envio de spams. É virtualmente impossível localizar e acionar legalmente os responsáveis que se valem desse método, porque os spammers podem invadir e controlar o computador de um usuário, enviar milhões de e-mails em poucas horas e sair sem deixar vestígios".[5]

Então, qual é a economia por trás de todos esses e-mails? Vejamos, como exemplo, uma receita de Viagra nos EUA. Provavelmente, o medicamento custa em torno de 10 a 15 dólares por comprimido. Contudo, em países onde a patente do citrato de sildenafil expirou, ou onde existe pouca ou nenhuma legislação reguladora da produção de medicamentos, a mesma droga pode ser produzida por menos de 2 dólares a pílula. A internet solucionou um problema enfrentado pelos produtores de remédios de baixo custo: como vender e distribuir essas drogas. Nos Estados Unidos, a publicidade direta ao consumidor é rigidamente controlada, o que encarece bastante as campanhas de marketing. Mas fabricantes de outros países podem usar parceiros afiliados para diminuir os custos.

Num modelo que teve como pioneiro em meados da década de 1990 o site de vendas Amazon.com, a estratégia do programa de parceiros afiliados propicia o perfeito canal de vendas para o comércio eletrônico. A Amazon, num esforço para expandir seu poder de vendas, oferecia a qualquer pessoa que tivesse um website a possibilidade de adicionar links para livros disponíveis no site

* Em inglês, *trojan horse*. Trata-se de um programa enviado em anexo a um e-mail que se apresenta sob a aparência de um jogo, um protetor de tela, uma figura ou outro aplicativo qualquer que, quando executado, permite ao remetente o acesso remoto, por meio de protocolo TCP/IP, ao computador onde se instalou sempre que este estiver conectado à rede. (N. T.)

da Amazon. Qualquer livro vendido por tráfego gerado a partir de indicação do afiliado resultava no pagamento de uma comissão para o proprietário do site. O afiliado ganhava algo entre 4% e 10% da venda final.

Fabricantes de citrato de sildenafil, interessados em vender o maior número possível de comprimidos sem serem responsabilizados pela violação de leis locais, empregaram o mesmo modelo para recrutar afiliados. A qualquer pessoa capaz de gerar pedidos era oferecida uma comissão de 40% sobre a transação.

Estima-se que o volume esmagador de spams sobre o Viagra e outros e-mails não solicitados chegue a 12,4 bilhões de mensagens por dia. Alguns calculam que 8% dos usuários de internet nos EUA que receberam esses spams tenham comprado os produtos anunciados.

A enxurrada de mensagens sobre o Viagra em nossas caixas de entrada pode explicar, em parte, a popularidade dos remédios on-line. Nos dois últimos anos, picos de buscas com o termo "Viagra" coincidiram com surtos de spams de Viagra. No outono de 2007, o Viagra era o terceiro medicamento mais procurado da internet, atrás de remédios para perda de peso e antidepressivos.

As buscas por medicamentos para disfunção erétil serviram como um dos primeiros exemplos que encontramos de tendências sazonais na maneira como procuramos coisas na internet. No caso de remédios como Viagra, Levitra e Cialis, as coisas chegam ao ápice em fins de janeiro e meados de fevereiro, perto do Super Bowl, jogo final da liga de futebol americano. Nos últimos quatro anos, desde que comecei a atuar como diretor-geral da Hitwise, agreguei uma planilha eletrônica à tradição do churrasco e algumas cervejas enquanto acompanho a transmissão da partida num televisor de alta definição. Todo ano eu estudo os efeitos dos comerciais veiculados no Super Bowl sobre o tráfego on-line, e, mais recentemente, sobre os padrões de busca da web. Assim como no caso dos picos de buscas relacionadas à disfunção erétil, a cada ano os dados demonstram que anúncios publicitários repetidos podem nos levar a encontrar mais e mais informações on-line.

Nem todos os padrões comportamentais sazonais na internet são impulsionados por comerciais de tevê. Alguns deles já estão mesmo arraigados em nossa sociedade. Porém, o comportamento da internet pode revelar muita coisa sobre a sociedade como um todo. Alguns dos padrões mais interessantes são aqueles correspondentes às visitas e buscas relativas ao campo da política. As pesquisas de mercado têm em geral grande dificuldade para estimar quais são as convicções políticas dos eleitores, e quando o fazem obtêm resultados quase sempre duvidosos. Como veremos adiante, a análise do comportamento on-line, ao contrário, oferece uma perspectiva muito mais confiável.

Capítulo 2

Dizendo o que realmente pensamos

O QUE REALMENTE QUEREMOS DIZER? Essa é uma pergunta que tira o sono dos pesquisadores de mercado. Discernir o que uma larga fatia da população está pensando em determinado dia, semana, mês ou ano é muito mais difícil do que simplesmente perguntar a elas o que estão pensando. Uma das primeiras dificuldades para obter as respostas certas é ter a certeza de fazer a pergunta certa para uma amostragem certa de pessoas. Se você alguma vez já se perguntou por que as pesquisas eleitorais parecem ser cada vez menos precisas, essa pode ser uma das principais razões.

O dilema tem história. De fato, de acordo com a pesquisa da revista *Literary Digest* de 1936, nosso 32º presidente não devia ter sido Franklin Roosevelt, mas seu adversário republicano, Alf Landon.

A vitória arrasadora de Roosevelt foi um choque para os eleitores, que estavam esperando uma vitória de lavada de Landon. Afinal de contas, o periódico tinha previsto corretamente os resultados das cinco eleições anteriores. Em retrospecto, a maioria dos críticos apontou um erro de amostragem como motivo do grande descompasso entre o que a pesquisa previra e os resultados efetivos das urnas. Na análise do que tinha dado errado na antecipação do resultado da disputa Roosevelt *versus* Landon, nem foi preciso examinar outra coisa além do cartão de respostas usado na coleta de resultados.

Na realização do teste de intenção de voto, a revista usou um método de amostragem única. Para expedir pelo correio mais de 10 milhões de formulários, os pesquisadores se basearam em registros de propriedade de veículos e listas telefônicas.[6] Quando levamos em conta o ano, 1936, constatamos que poucas famílias tinham condições financeiras de possuir um telefone ou um automóvel. Entre os indivíduos mais ricos prevaleciam inclinações republicanas, ou seja, era mais provável que apoiassem Landon.

De fato, um dos maiores desafios das pesquisas de mercado é prever como os eleitores vão votar assim que entram na cabine. Eleições recentes revelaram a incapacidade de nossas pesquisas eleitorais de prever os resultados finais. Uma razão potencial para a diferença entre o que dizem as pesquisas e a realidade dos resultados da eleição pode estar naquilo que discutimos no capítulo anterior: as pessoas nem sempre respondem de maneira precisa a perguntas relativas a crenças e ações futuras. Pela maneira com que procuramos informação dos candidatos, parece que o fator decisivo para alguns eleitores não é o partido político ou sequer questões específicas. Para uma larga porção de eleitores com acesso à internet, o caráter e até mesmo a aparência física podem ditar as decisões. E, embora não queiramos admitir, fatores como a filiação religiosa podem desempenhar um papel crucial.

Em janeiro de 2007, menos de um mês antes do anúncio de Barack Obama de que concorreria à Presidência, uma reportagem do canal Fox News divulgou que entre 1967 e 1971, ainda na infância, Obama tinha frequentado uma escola muçulmana. A história da Fox News foi posta em dúvida por uma matéria da CNN veiculada quatro dias depois, em 23 de janeiro. O repórter da CNN que visitou a Escola

Basuki, onde Obama estudara na Indonésia, não encontrou indícios de que a escola ensinasse princípios islâmicos radicais. A Basuki era uma escola pública, sem foco na religião.

Se o boato em torno da escola muçulmana teve vida particularmente curta (exatamente quatro dias), a vinculação — com sérias implicações emocionais — de um candidato à Presidência a um sistema escolar com ligações com o Taleban teve evidente impacto junto ao eleitorado. Se examinarmos a maneira como os usuários da internet pesquisaram informações sobre Barack Obama antes que a história fosse ao ar na Fox, descobrimos que das 150 principais buscas ao candidato, a maior parte das informações era com relação ao histórico de Obama e ao discurso que ele havia proferido na Convenção do Partido Democrata de 2004, com algumas pesquisas sobre sua religião.

Eis as dez principais buscas que continham "Barack Obama" nas quatro semanas seguintes a 30 de dezembro de 2006:

1. Barack Obama
2. Biografia de Barack Obama
3. "Barack Obama"
4. Obama Barack
5. Religião de Barack Obama
6. Senador Barack Obama
7. Discurso de Barack Obama
8. Religião Barack Obama
9. Barack Obama, a audácia da esperança
10. Barack Obama muçulmano

Imediatamente após a veiculação da reportagem na Fox, as pesquisas mudaram dramaticamente. As buscas com o termo "Barack Obama muçulmano" saltaram da décima para a quinta posição entre as mais populares com o nome do candidato. As buscas contendo "Barack Obama" também dobraram em comparação à semana anterior à reportagem.

Depois que o boato sobre a formação islâmica do então candidato foi ao ar, houve um aumento significativo nas procuras pelas opiniões religiosas de Obama, especificamente sobre sua associação ao islã. Ou, sob um ângulo diferente: na semana seguinte à matéria da Fox, entre todas as buscas contendo a palavra "muçulmano", três das dez primeiras faziam alguma referência a Barack Obama.

Um dos aspectos mais notáveis do incidente envolvendo o nome de Barack Obama é a permanência das associações criadas por uma história que durou apenas quatro dias antes de ser desacreditada. Se observarmos o comportamento de buscas um ano depois, três dos dez primeiros termos de busca contendo "Barack Obama" ainda fazem referência à sua religião ou à religião muçulmana, e se olharmos as buscas contendo a palavra "muçulmano", seis entre os principais termos incluem menção a Barack Obama.

Se o uso que a pesquisa política faz do comportamento agregado de usuários da internet é problemático — o maior problema é que não se podem fazer perguntas específicas —, uma das vantagens é que quase sempre as ações falam mais alto que as palavras. Outra vantagem é que não é preciso se preocupar com as questões da dissonância cognitiva apresentadas no capítulo 1. Se, por um lado, uma pessoa pode temer ser rotulada como racista se admitir numa pesquisa sua preocupação com o fato de um candidato ter frequentado uma escola primária muçulmana, por outro essa mesma preocupação aparecerá de maneira clara nos termos de busca das pesquisas que a pessoa fizer na internet.

O levantamento gradual de informações reveladoras a partir dos dados de termos de busca, como fizemos no campo da política, também apresenta vantagens evidentes em outras áreas, tais como o *brand marketing*,* em que a força de uma marca pode ser medida pela frequência e as maneiras como os usuários da internet a procuram.

***

O exercício de medir a força e as associações positivas de um evento positivo ou negativo envolvendo uma marca tem óbvias implicações comerciais. Uma das vantagens de usar dados observados da internet para medir a força de uma marca é o imediatismo da resposta.

Como cheguei cedo à Columbia Business School para participar de um painel na Innovative Marketing Summit [Conferência de Marketing Inovador], decidi sentar-me na plateia e ouvir alguns dos outros conferencistas. Naquela manhã, a palavra estava com Deepak Advani, diretor de marketing da Lenovo.

Em 2005, a Lenovo, fabricante de computadores sediada em Pequim e fundada em meados da década de 1980, comprou por 1,27 bilhão de dólares a divisão de computadores pessoais da IBM. À época, o mercado via com certo ceticismo a capacidade da Lenovo de continuar a fortalecer a marca ThinkPad, que tinha uma associação íntima com a IBM.

Deepak estava proferindo um discurso fascinante sobre a compra da ThinkPad. Depois de dar alguns exemplos sobre a maneira como o seu departamento de marketing estava influenciando a percepção das

---

* *Branding* é o trabalho de construção e gerenciamento de uma marca no mercado, por meio de ações que geram uma identidade e a divulgam. O *brand marketing* é o estudo, o aprimoramento e prática de ações voltadas ao gerenciamento do desempenho e comportamento de uma marca em relação a seu universo consumidor, prática que tem como principal objetivo manter a fidelidade do consumidor, fazendo-o preferir uma determinada marca em detrimento de outras. (N. T.)

marcas Lenovo e ThinkPad, ele começou a responder a perguntas da plateia. Um participante fez uma pergunta bastante básica: qual era o grau de eficácia de todo o esforço que Deepak fizera para impulsionar a marca? Deepak respondeu que estavam realizando estudos e que infelizmente ainda demoraria para ter em mãos resultados mais conclusivos.

Com a onipresença dos hotspots e dos laptops preparados para se comunicar em redes sem fio do tipo Wi-Fi,* as plateias das conferências transformaram as palestras em eventos multitarefa: enquanto os participantes acompanham de ouvido as apresentações, simultaneamente respondem a e-mails e navegam na web. Como orador, sempre me senti um pouco desconcertado com membros da plateia que só ouvem metade do que estou dizendo. Aplicando à situação a regra de ouro — "Trate os outros do modo como você mesmo gostaria de ser tratado"—, sempre tive por hábito prestar total atenção à fala de outros palestrantes. Mas, nesse caso, simplesmente não pude resistir. Deepak não precisava esperar vários meses pelos resultados. Em um ou dois minutos eu podia obter uma amostra inicial das respostas à eficácia de suas campanhas.

Obviamente, com base em uma pesquisa de compartilhamento por termos de busca, com a troca de mãos da marca ThinkPad a IBM começou a perder *brand equity*,** ao passo que a Lenovo simultaneamente ganhou terreno, a ponto de chegar quase à paridade com a IBM na semana que antecedeu a conferência.

---

* *Hotspot* é o nome dado ao local em que a tecnologia Wi-Fi está disponível, geralmente em locais públicos como cafés, restaurantes, hotéis e aeroportos, onde é possível conectar-se à internet utilizando qualquer computador portátil. Wi-Fi foi uma marca licenciada originalmente pela Wi-Fi Alliance para descrever a tecnologia de interconexão para redes sem fios. O termo Wi-Fi, escolhido como uma brincadeira com o termo "Hi-Fi" ("alta fidelidade"), é tido como abreviatura para *wireless fidelity* ("fidelidade sem fio"). (N. T.)

** *Brand equity* ou ativo em marca é o conjunto de interações entre a marca e todos os seus públicos que tem como objetivo potencializar as percepções acerca de uma marca. (N. T.)

Volume de buscas por "IBM" e "Lenovo"

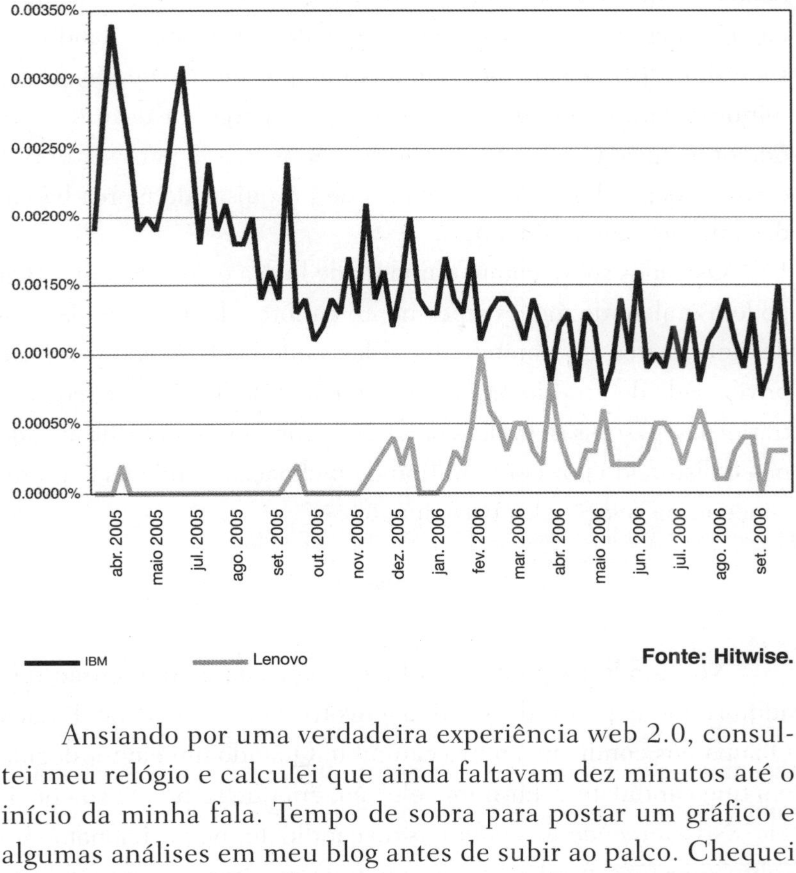

Fonte: Hitwise.

Ansiando por uma verdadeira experiência web 2.0, consultei meu relógio e calculei que ainda faltavam dez minutos até o início da minha fala. Tempo de sobra para postar um gráfico e algumas análises em meu blog antes de subir ao palco. Chequei algumas sugestões de termos de busca e encontrei as associações para a marca Lenovo, tais como "novo ThinkPad", "Lenovo ThinkPad" e "laptop Lenovo". Havia buscas pelo modelo T60 e preocupações com o tempo de duração das baterias, bem como interesse sobre onde o comprador potencial poderia ver a demonstração de um modelo para ajudá-lo a tomar a decisão de comprar.

Quando subi ao palco para falar sobre o papel do uso de dados da internet para ajudar a tomar decisões de negócios, direcionei a plateia para meu blog. A essa altura eu estava dando um showzinho particular para demonstrar que me bastaram quinze minutos para obter uma resposta para a pergunta de um outro orador, resposta essa que demoraria vários meses para ser obtida caso ele dependesse dos resultados de pesquisas de marca baseadas em métodos tradicionais.

Os dados sobre comportamento de busca e de uso da internet podem ir além do mero mapeamento da força de um candidato ou de uma marca de computador. Eles podem oferecer uma visão privilegiada do próprio processo de tomada de decisões, e, ao contrário das pesquisas tradicionais, esse comportamento observado não é distorcido por nenhum tipo de inclinação, tendência ou preconceito na seleção dos participantes.

***

No mundo da política on-line, a aguçada compreensão que adquirimos a partir da história envolvendo o nome de Barack Obama nos conduziu a outro caminho. Quando um eleitor decide em que candidato votar numa eleição, em que se baseia sua decisão? Nos antecedentes políticos do candidato, no posicionamento sobre questões fundamentais, ou trata-se simplesmente de um instinto, com base na prática, experiência, conhecimento, ou mesmo na aparência?

Há problemas crescentes com as pesquisas de opinião pública de viés político. Alguns dizem respeito à legislação; outros são reflexos do modo como as escolhas em telecomunicações afetam a confiabilidade de todas as pesquisas telefônicas de base aleatória.

Em 2003, o Congresso dos EUA aprovou a Lei de Implementação do Cadastro "Do-Not-Call" ("Não-me-ligue"), a partir de um projeto apresentado pela Comissão Federal de Comércio, que permitia que as pessoas incluíssem numa lista seu número de telefone residencial caso não quisessem receber ligações de serviços de telemarketing. Os consumidores ficaram otimistas diante da expectativa de conseguir jantar em paz e em silêncio sem ter de atender a ligações oferecendo oportunidades imperdíveis e negócios da China. Os pesquisadores de mercado, por sua vez, nem sequer protestaram, pois a lei abria exceções para telefonemas de pesquisas de mercado bem como de instituições de caridade e partidos políticos.

Apesar da exceção, desde 2003 a tarefa dos pesquisadores por telefone ficou cada vez mais difícil, porque embora o Cadastro Não-me-ligue não se aplique às pesquisas de mercado, a medida teve o efeito de dar aos consumidores o poder de "simplesmente dizer não" para qualquer ligação não solicitada que estivesse interrompendo seus afazeres diários.

Ainda mais surpreendente é o fato de que questões enfrentadas pela revista *Literary Digest* em sua famigerada pesquisa eleitoral de 1936 podem estar voltando à tona. Em um estudo recente, o Centro de Controle de Doenças (CCD) examinou o número de famílias que abandonaram suas linhas telefônicas convencionais, optando por adotar o celular como número residencial principal. A questão é de grande importância para o CCD, pois a pesquisa baseada em ligações para telefones fixos aleatórios é o principal método usado pela agência para rastrear as condições de saúde e investigar comportamentos de risco. Se a amostra de informantes não representar a população dos EUA como um todo, os resultados não serão tão confiáveis. O número de *cord-cutters* ("cortadores de fios"), palavra que a empresa de pesquisas In-Stat resolveu adotar para descrever as casas que possuem apenas telefones celulares, está crescendo exponencialmente. Mais problemático ainda para os pesquisadores e peritos em sondagem da opinião pública é o fato de que 22% das casas mais pobres são de "cortadores de fios", quase o dobro de famílias mais ricas. Por que isso é importante?

Pesquisas eleitorais, como aquelas que erraram as previsões nas eleições primárias de 2008, são sondagens feitas por meio de ligações para números aleatórios, e que tradicionalmente consideram apenas telefones fixos, parecidos com a pesquisa da *Literary Digest*, que só atingia casas que pudessem custear um telefone. No mundo de hoje, pesquisas que só levam em conta números de telefones fixos deixam de fora os pobres, bem como os eleitores mais jovens, o que está obrigando muitos institutos de pesquisa a considerar a inclusão em investigações futuras de amostragens — bem mais caras — de telefones celulares.

Embora estudos recentes tenham indicado que a exclusão de casas que possuem exclusivamente telefones celulares tem impacto mínimo nos resultados, o aumento significativo do número dessas pessoas que usam apenas celulares e a diminuição cada vez mais acentuada de entrevistados dispostos a responder às pesquisas contribui para aumentar a dificuldade de acesso a amostras verdadeiramente representativas.

Ao examinarmos as buscas na internet sobre os principais candidatos competindo pela indicação de seus respectivos partidos na corrida presidencial de 2008 descobrimos que, assim como no caso Obama, prevalece o interesse não pelas opiniões políticas de cada um, mas, invariavelmente, por elementos da vida pessoal, o que tem pouco peso na capacidade do eventual eleito de governar o país. Um exemplo: em janeiro de 2008, os tópicos de buscas mais recorrentes sobre o líder na disputa pela vaga do Partido Republicano, John McCain, se concentraram em informações sobre sua esposa, sua família e sua filha, nesta ordem. No mesmo período, os usuários da internet que buscaram informações sobre Hillary Clinton privilegiaram piadas, caricaturas e dados sobre o choro em público da candidata antes das eleições primárias do Partido Democrata no estado de New Hampshire.

É interessante observar que, ao contrário do que se verificou no caso de Barack Obama, nas buscas de informações sobre o candidato republicano azarão, Mike Huckabee, conhecido na imprensa como o "candidato evangélico" (dada a sua atuação anterior como pastor batista), não se fez menção alguma à sua religião. Em vez disso, os usuários estavam interessados na associação de Huckabee com o ator Chuck Norris, que o apoiou e subiu ao palanque com ele em vários eventos públicos.

Os dados sobre buscas parecem mostrar que os usuários da internet estão mais interessados na imagem dos candidatos do que em seu posicionamento político ou seu histórico eleitoral. Mas seria injusto extrapolar e inferir que os EUA sejam um país desinteressado por questões políticas. Simplesmente não passamos tanto tempo associando os candidatos a esse tipo de questão, pelo menos não na internet.

A política on-line corresponde, relativamente, a uma fração mínima de nosso comportamento na internet. Os 756 sites que compõem a categoria "política" compilada pela Hitwise respondem por apenas 0,23% de todas as visitas à internet no mês de janeiro de 2008. Para colocar a coisa em perspectiva, basta dizer que categorias como "moda", "seguros", "loterias" e "apostas" geram mais tráfego que a categoria "política".

Ainda assim, quando examinamos termos de busca que estão enviando tráfego para sites políticos, verificamos que há vários termos que nos permitem descobrir quais são os tópicos políticos mais importantes para cada semana. Em meio a buscas por candidatos, principais blogs de política e resultados de votações há buscas por tais questões. De maneira consistente, ao longo dos últimos anos, o termo de busca política campeão de ocorrências foi "aborto", seguido por "pena de morte" num distante segundo lugar; já para o mês de janeiro de 2008, "dívida nacional", apesar de novato na lista, é o grande vencedor, o que muito provavelmente se explica por causa do medo da recessão que se desenhava no horizonte.

***

Considerando algumas das confusas variáveis que existem na categoria da política on-line, pode-se ver por que é tão difícil prever especificamente resultados a partir do comportamento na internet e das buscas. Assim como os padrões cruzados da navegação política que ocorrem em períodos próximos a uma eleição, outras complicações, tais como a demografia e a esperteza on-line dos apoiadores de um candidato específico, podem tornar ainda mais problemáticas as previsões. Não existe melhor exemplo dessas complicações que o efeito Ron Paul.

Quando o congressista do Texas iniciou sua campanha rumo à Casa Branca, suscitou muitos olhares de surpresa e ceticismo. Disputando a indicação do Partido Republicano, Ron Paul defendia uma política decididamente libertária: minimizar a esfera de ação do governo, incluindo a eliminação do Internal Revenue Service (IRS, equivalente à Receita Federal) e de outras agências federais. Nas pesquisas pré-eleitorais antes das primárias, o apoio a Paul foi baixo, oscilando na casa de um único dígito, entre 2% e 4% dos eleitores republicanos. O fato estranho é que seus números na internet eram surpreendentes. Por ocasião das primárias da "Super Terça-Feira" — dia em que um grande número de estados realiza prévias simultâneas para decidir quais devem ser os candidatos à Presidência pelos partidos Democrata e Republicano —, o website de Ron Paul aparecia como o mais visitado dentre todos os candidatos, democratas ou republicanos. Ele também era o candidato que gerava mais buscas. Por que então Ron Paul estava com desempenho tão pífio nas pesquisas?

A aparentemente aberrante lacuna entre o voto popular a Paul e nossos dados da internet não eram exclusividade da Hitwise. A dominância de Ron Paul aparecia em vários serviços de medição, incluindo o Google Trends, serviço que classifica os volumes totais de buscas de termos específicos. Em 9 de outubro, o canal noticioso a cabo CNBC realizou uma pesquisa on-line pedindo aos espectadores que votassem em seus candidatos favoritos nos debates do Partido Republicano, coloquialmente conhecido como GOP (Grand Old Party, ou o Velho Grande Partido) em Michigan. Ron Paul recebeu votação esmagadora, registrando mais de 75%. Os resultados foram tão impressionantes que Allen Wastler, diretor editorial do site CNBC.com, publicou uma carta aberta para "os fiéis a Ron Paul", explicando que os resultados da pesquisa do site, que davam a ele uma vitória acachapante no debate, estavam tão distantes de qualquer outra pesquisa "legítima" que eles decidiram tirá-la do ar, com medo de que tivesse sido alvo da ação de hackers ou parte de uma campanha deliberada para inflar os números de Paul. Mas quem eram exatamente os usuários fazendo buscas sobre Ron Paul?

O maior segmento de visitantes do site de Ron Paul era de "jovens digerati",* descritos pela empresa do sul da Califórnia, Claritas, da seguinte maneira: "Ricas, com alto nível educacional e etnicamente mescladas, as comunidades dos jovens digerati se distribuem entre aquelas providas de apartamentos e condomínios da última moda, academias de ginástica e butiques, restaurantes casuais e todo tipo de bar — desde os que servem sucos e cafés a microcervejarias". Dos 65 segmentos que incluíam visitantes ao site de Ron Paul, os jovens digerati respondiam por 15,4%. Saberemos mais sobre os jovens digerati e os outros early adopters ("consumidores ávidos das novidades tecnológicas")** no capítulo 10.

A façanha técnica desse grupo específico pode ajudar a explicar o hiato entre as pesquisas tradicionais e as on-line. Para compreender a atitude de Allen Wastler, basta levar em consideração que se algum grupo tinha os meios técnicos para engendrar uma campanha para vencer uma pesquisa on-line, esse era o grupo. Além disso, as próprias características dos jovens digerati poderiam fazer com que esse grupo estivesse refletindo um viés particular já mencionado acima, isto é, o dos "cortadores de fios", aqueles que apenas usam telefones celulares.

---

* *Digerati* é um termo que designa especialistas em tecnologia, gente na vanguarda do desenvolvimento tecnológico, particularmente em informática. É uma contração de *digital* e *literati* ("literatos", em italiano). (N. T.)

** *Early adopters* é a expressão que designa o consumidor pioneiro, que se caracteriza por ser o primeiro a aderir às inovações e novidades, especialmente tecnológicas, acompanhando entusiasticamente a onda do mercado. Algumas outras traduções do termo: "usuários de primeira hora", "adotantes iniciais", "primeiros utilizadores" e "usuários precoces". (N. T.)

Apesar de haver pouca esperança de que Ron Paul tivesse chances de vencer a corrida pela indicação do Partido Republicano às eleições presidenciais de 2008, simplesmente continuava aumentando o descompasso entre o que observávamos on-line em termos de sua popularidade — medida pelas visitas ao site — e o que os dados pré-eleitorais nos informavam. Independentemente das chances de esse candidato específico ser ou não indicado por seu partido, a questão mais problemática é que, à medida que cresce a porcentagem de pessoas que usam exclusivamente telefones celulares, de que maneira as pesquisas eleitorais tradicionais, cada vez mais imprecisas, distorcem a efetiva atividade votante dos norte-americanos? Se as pesquisas realmente funcionam como profecias autorrealizáveis (se meu candidato tem tão pouco apoio nas pesquisas, por que desperdiçar meu voto com ele?), resultados imprecisos podem alterar o comportamento dos eleitores e, em última análise, os resultados finais das eleições.

***

A análise do tráfego nos blogs nos permite tirar conclusões mais claras sobre nossa maneira de digerir informações políticas on-line. Matt Hindman, professor de ciência política na Universidade Estadual do Arizona, teve uma ideia sobre como poderíamos aplicar nossos dados para verificar de que modo o tráfego flui pelos blogs políticos. Se por si só a classificação dos sites por participação de mercado e relatórios de *clickstream* (fluxo de cliques, relações detalhadas da trajetória percorrida pelos usuários quando visitam um site particular) são bastante úteis, Matt resolveu combinar as duas fontes de dados e delinear a categoria "política" num mapa em formato de rede.

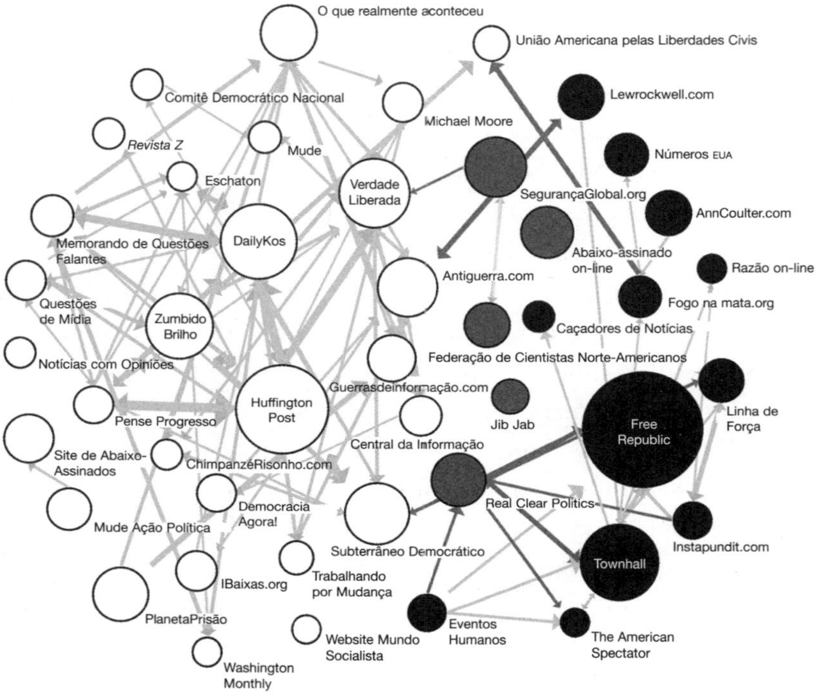

Fontes: Matt Hindman e Anthony Hayes.

Quando combinamos os elementos de tamanho e fonte de tráfego num mapa da paisagem política on-line, podemos ver quais sites agem como centros de importância e entroncamentos e quais ficam na periferia. Codificando por cores os sites por ideologia (branco para os democratas, preto para os republicanos e cinza para os sites apartidários), podemos ver, entre outras coisas, as diferenças na maneira como os democratas e republicanos navegam.

A partir do instantâneo tirado em maio de 2007, a primeira diferença que fica clara é que o tráfego em sites de inclinação direitista tende a ser de natureza muito mais insular. Quem visita endereços como Townhall.com ou AnnCoulter.com está menos propenso a visitar outros blogs de direita, ao contrário de sua contraparte de inclinação esquerdista, que cria uma teia de conexões.

Entre os sites de inclinação esquerdista há esferas brancas que agem como centros de importância e entroncamentos, tais como Huffingtonpost.com e DailyKos.com, que se encontram no meio do tráfego de blogs políticos ideologicamente à esquerda, o que provavelmente se explica em razão de sua popularidade bem como sua generosa política de links, que envia gratuitamente tráfego a outros sites para a leitura de outros artigos, assim como atrai de volta os leitores pela sua central de conteúdo relevante.

O mapa político também demonstra que existem sites que atuam como pontes entre ideologias de direita e esquerda. Sites como Real Clear Politics e FreeRepublic.com se destacam como pontes virtuais entre os dois grupos de pensamento político.

Mas o mapa de Hindman é apenas um instantâneo. Desde a eleição presidencial de 2004 sabemos que os padrões de tráfego em torno de sites políticos bem como os termos de busca sobre os principais candidatos podem se tornar bastante confusos, uma das razões por que passa a ser praticamente impossível medir com exatidão a popularidade e, em última análise, prever os resultados de uma eleição tomando-se por base exclusivamente as visitas a websites e o volume de termos de busca. O que observamos na eleição de 2004 foi que, quanto mais se aproximavam as primárias e eleições, mais o comportamento "cruzado" ficava evidente no conjunto de dados. A explicação mais provável é o desejo das pessoas de solidificar sua escolha de candidatos com base em pontos de vista conflitantes, assim como seu interesse por descobrir as fraquezas nas ideologias contrárias.

Websites políticos visitados imediatamente depois de visitas a FoxNews.com (fevereiro de 2008)

Site	Fração de fluxo de dados
You Decide 2008 [Você Decide]	9,20%
Real Clear Politics	0,33%
Major Garrett's Bourbon Room	0,13%
Michael Savage	0,11%
Mike Huckabee	0,09%
Power Line	0,09%
Fred '08	0,06%
The Politico	0,05%
Human Events Online	0,05%
NewsBusters	0,05%

Fonte: Hitwise.

Um corolário interessante do conceito de medir os processos do pensamento político por meio do fluxo de cliques é o uso dos mesmos dados para compreender as atitudes tendenciosas na cobertura jornalística tradicional (ou as inclinações tendenciosas da audiência). Se, por exemplo, eu examinasse os websites políticos visitados pouco antes e pouco depois de terem acessado FoxNews.com, a lista de sites seria dominada por blogs e personalidades de inclinação direitista.

Se, ao contrário, eu elaborasse a mesma lista para visitantes do CBSNews.com, exceção feita às visitas de usuários indo e vindo do website de Mike Huckabee (em razão da vitória do pré-candidato nas primárias de janeiro e fevereiro de 2008), veria que a maioria dos sites tende à esquerda, caso de DailyKos e HuffingtonPost.

Embora os hábitos de fluxo de cliques em sites de notícias não possa servir como prova de uma cobertura jornalística tendenciosa, no mínimo mostra que uma certa audiência, com ponto de vista definido, é atraída para um determinado website de notícias. Esse mesmo tipo de análise pode ser aplicado a sites de jornais, e mesmo a websites oficiais de candidatos para ajudar a determinar o que as inclinações políticas representam para os visitantes daquele site.

Dados de fluxo de cliques, ou informações sobre os sites visitados imediatamente antes e depois de determinado site ou categoria, também podem propiciar uma visão aguçada sobre as empresas. Se considerarmos que o modo como rastreamos os usuários conforme pulam de site em site pode ser aplicada ao conteúdo jornalístico e de entretenimento na web, veremos que temos em mãos uma nova maneira de compreender o espaço competitivo. Por exemplo, pergunte ao editor de qualquer revista quais outras publicações ele julga serem suas concorrentes, e posso quase garantir que na relação de websites das revistas visitadas antes e depois do site da própria revista do entrevistado constarão títulos que ele jamais tinha considerado rivais antes.

No ano passado, em visita a uma cliente em Nova York, o assunto das revistas concorrentes veio à tona. Minha cliente (que cuida de títulos que vão de moda e jornalismo a outros temas) estava concentrada numa de suas principais publicações na indústria da moda. Obviamente, os editores dessa revista consideravam rivais todas as outras grandes publicações de moda feminina. Contudo, examinando os dados sobre o fluxo de cliques, eu pude oferecer um novo enfoque, em escala nacional, sobre que revistas on-line os leitores poderiam escolher, da seleção de revistas virtuais, imediatamente antes e depois de visitar o site da minha cliente.

Websites políticos visitados imediatamente depois de visitas a CBSNews.com (fevereiro de 2008)

Site	Fração de fluxo de dados
CBSNews - Eleições	1,50%
Real Clear Politics	0,46%
The Huffington Post	0,24%
The Politico	0,16%
ICasualties	0,14%
Talking Points Memo	0,09%
MyDD Direct Democracy	0,08%
Daily Kos	0,08%
You Decide 2008	0,06%
Human Events Online	0,06%

Fonte: Hitwise.

Verificou-se que, de fato, as outras revistas femininas que ela considerava estavam no fluxo de cliques do título da minha cliente. Mas elas eram secundárias com relação a um outro grupo de sites de revistas de moda, aquelas dedicadas à moda adolescente.[7] Os editores ridicularizaram minhas descobertas. Não fazia sentido! A marca deles era evidentemente muito mais cara! Mas é difícil contestar os dados oferecidos pelo comportamento dos consumidores on-line. Analisando a demografia e a psicografia dos visitantes do site da minha cliente, descobrimos que um grupo específico de adolescentes, de famílias urbanas e suburbanas abonadas, tinha um comportamento cruzado não demonstrado por outros grupos. De fato, esses adolescentes de famílias ricas estavam expressando interesse em títulos de moda que sua concorrente mais rural não estava.

Assim como na política, na moda e em outras categorias — vendas no varejo, remédios, viagens —, uma profusão de conhecimentos pode ser obtida acerca de quem são de fato os consumidores (o que quase sempre difere de quem achamos que eles sejam), e esses dados podem ajudar a esclarecer sobre qual estratégia de marketing é mais adequada para cada tipo de consumidor.

Embora as técnicas de pesquisa de mercado tenham evoluído bastante desde a sondagem da *Literary Digest* em 1936, mesmo mais de setenta anos depois ainda lidamos com o problema de como encontrar uma amostragem representativa que forneça resultados precisos. Uma ampla amostra de usuários da internet, elaborada de modo a refletir de maneira acurada a população (ou ao menos a população on-line), é suficiente para fornecer informações adicionais. Mas os dados da internet podem nos levar ainda mais longe, fomentando ideias a partir de constatações a cujo acesso não dispúnhamos no passado. Chegar a esses novos *insights*, entretanto, nem sempre é tão fácil como se acreditava ser a partir das perguntas diretas de uma pesquisa tradicional.

Às vezes, investigar o comportamento observado é como realizar uma caça ao tesouro. Exige tanto a habilidade do lado direito do cérebro, para reconhecer determinados padrões nos dados obtidos, como a capacidade do lado esquerdo, para formular uma hipótese e depois testá-la com os dados à mão. Vejamos a seguir o exemplo dos vestidos de bailes de formatura.

Capítulo 3

O baile de formatura em janeiro

O *TIMING* É TUDO. Há um momento exato para brandir o bastão de beisebol e mandar a bola por cima da cerca, assim como de encerrar a piada para extrair da audiência a maior quantidade possível de risadas. Algumas pessoas acreditam que ele seja uma habilidade inata, mas, conforme revelam os dados da internet, às vezes nossa capacidade de compreensão de quando as coisas se tornam importantes para nós pode ficar um pouco fora de sintonia. Num mundo em que nosso interesse pelos assuntos é cíclico, um padrão que se repete, será que realmente sabemos quando de fato ocorrem os fluxos e refluxos?

Vejamos, por exemplo, o momento ideal em que um varejista do setor de vestuário decide dar destaque on-line aos vestidos de baile de formatura escolar. Se você é como a maioria dos varejistas, partiria do princípio de que, uma vez que a maior parte dos bailes ocorre em maio, os meses de março e abril seriam a melhor ocasião para divulgar material sobre os vestidos. Infelizmente, se seguisse essa linha de raciocínio, você perderia a maior oportunidade de capitalizar em cima do maior fluxo de interesse anual nos vestidos de formatura.

Se não podemos confiar em nosso instinto, como fazem o batedor de um time da liga profissional de beisebol ou um comediante, como poderemos encontrar o momento certo? É aí que entram os dados da internet.

Colocando a mão na massa, como pesquisador comecei a perceber que um interessante subproduto da revolução das redes sociais e das mídias geradas pelos consumidores é que, à medida que a internet deixa de ser um amontoado de páginas estáticas que apenas podemos ler e se torna um ambiente em que os usuários oferecem volumes e mais volumes de informações sobre sua vida pessoal, temos diante de nós uma riquíssima base de dados em crescente expansão, por meio da qual podemos entender nossa sociedade ou, mais especificamente, o que as pessoas estão pensando coletivamente num momento específico.

Onde outras pessoas talvez vejam apenas divagações inúteis, eu vislumbro pigmentos para colorir alguns dos padrões que encontro nos dados. É aí que entram em cena as *personas*, as personagens ou máscaras que as pessoas encarnam on-line. Decidi passar algumas horas no MySpace, o que ajudaria a entender os padrões que eu via em torno das buscas por vestidos de baile de formatura. O que não falta no MySpace é gente obcecada por esses vestidos, por isso encontrei o que estava procurando. Vamos chamar de "Taylor" a primeira *persona* que criei.

A leitura dos perfis da geração mais jovem me permite, primeiramente, ver como os padrões de comunicação mudaram desde meus tempos de estudante. O e-mail, por exemplo, é uma coisa para lá de ultrapassada. Com o Facebook e o MySpace, minha identidade inventada está a poucos cliques de distância de saber tudo o que os amigos dela fazem — onde estão, o que ouvem e assistem. Taylor faz parte de uma nova geração chamada "generation next" (a "próxima geração"), vivendo uma vida de conectividade que eu, um analista da internet já na casa dos 40 anos, mal consigo conceber. Em minha adolescência, para entrar em contato comigo bastava uma batida na porta da frente ou um telefonema para a linha fixa dos meus pais. Na maior parte do dia, na escola ou à mesa do jantar, ou depois das dez da noite, eu ficava completamente desconectado dos meus amigos. Já a conectividade de Taylor é muito mais completa, por meio de sites como Twitter, em que ela tem a possibilidade de postar fragmentos de suas ideias e pensamentos que a rede inteira pode ler. Quando ela escreve e publica de maneira mais ativa, essencialmente o que temos é um portal para sua consciência. Ela é acessível on-line por e-mail e mensagens instantâneas, e quando vai embora pode ser contatada por celular, de preferência pelas mensagens de texto (os "torpedos").

Taylor leva uma vida privilegiada que gira em torno de seus amigos e das roupas que usa, o que ela faz questão de deixar claro em sua página do MySpace. É animadora de torcida do time do colégio, é boa aluna (tira muitas notas B), é membro do clube de estudos de francês e dos clubes 4-S (os quatro "S" são saber, sentir, servir, saúde).* Apesar de tantas atividades extracurriculares, a página de Taylor no MySpace revela uma obsessão: o *senior prom*, o baile de formatura que marca o fim do ensino médio. Na verdade, todo o lado esquerdo de seu bem arquitetado "pro" (abreviatura de *profile*, ou seja, "perfil") é um slideshow de fotografias mostrando Taylor e os amigos no baile do ano anterior. A página contém ainda um arquivo de MP3 de Edwin McCain cantando o tema de *A cinderella story*, "I'll Be", música favorita de todo *junior prom*, baile realizado no fim do segundo ano do ensino médio.

---

* No original, *4-H club: head, heart, hands, health* (literalmente: cabeça, coração, mãos, saúde). Os clubes 4-H são organizações da juventude tipicamente norte-americanas, mas com representações no estrangeiro, com a finalidade de ajudar crianças e jovens a desenvolver qualificações práticas e de fibra moral, cidadania e liderança. O lema é: "Aprendemos a fazer fazendo". (N. T.)

Navegando pela página de Taylor, e lendo os aparentemente intermináveis questionários que ela preenche (a resposta da "próxima geração" às correntes), ficamos sabendo entre outras coisas que ela adora assistir a séries e reality shows: *The O.C.*, *Laguna beach*, *Real world*, *Americas' next top model*, e, é claro, *American idol*.

Os dez principais "amigos" on-line de Taylor — de um total de 461 — também estão listados na página dela. Na atual era das mensagens de texto, páginas do MySpace e do velho e-mail sempre de prontidão, os adolescentes se mantêm em conexão predominantemente eletrônica com uma vasta rede social, muito maior daquela disponível para as gerações anteriores à internet na época em que eu cursava o ensino médio. A natureza desses "amigos" é um tanto quanto suspeita. Isso eu descubro navegando em meio a infinitas postagens recheadas de expressões como "valeu", "de boa", "e aí, belê?", "blz", e generosas quantidades de ícones de coração e unicórnio, e encontro comentários que revelam que apenas um punhado de todos aqueles amigos tem alguma ligação efetiva com a vida real de Taylor.

Meu foco se concentra agora na estreita porção da página de Taylor em que ela descreve suas leituras prediletas. Um questionário apresenta a pergunta: "Qual é seu livro favorito?". Ela responde com: "A revista *Teen Vogue* conta?". Coço a cabeça, pego um vidro de Tylenol, engulo um comprimido e sigo em frente. Pelo que descobri lendo o perfil de Taylor, vi que ela é uma "fashionista", uma ávida seguidora das tendências da moda, e que em geral compra suas roupas em butiques num shopping de sua cidadezinha.

Mas estou me adiantando muito. Talvez aqui eu devesse fazer uma pausa e responder à seguinte pergunta: por que um homem normal, heterossexual e de quarenta anos está desperdiçando uma manhã de segunda-feira para criar a *persona* de Taylor a partir de várias páginas do MySpace na tentativa de entender a percepção que os adolescentes têm de consumo e de moda?

A história começa num escritório improvisado num prédio sem graça de Redwood Shores, Califórnia, onde, mesmo num dia repleto de reuniões, prazos e tarefas administrativas em minha lista de coisas a fazer, deixo tudo de lado e encaro a tela à minha frente. Devia haver algo errado ali, pensei eu. Como é que o termo de busca "vestidos de baile de formatura" podia ser um dos primeiros colocados na internet dos EUA em janeiro?

Se nos dias comuns minha rotina é comentar a situação das vendas no varejo, as estatísticas mais recentes do Google, ou a demografia dos visitantes de sites de viagens, eu vivo mesmo é para dias como hoje. Confrontado com certos dados enigmáticos, mergulho de cabeça numa gigantesca base de dados para solucionar o mistério que existe por trás de algo que meu bom senso diz estar fora do lugar. Às vezes minhas incursões em meio aos dados levam menos de uma hora (será que posso prever o vencedor de programas como *American idol* ou *Dancing with the stars* a partir dos dados dos termos de busca?) ou menos de um dia (qual é o efeito do aumento do preço da gasolina no interesse por veículos híbridos?); às vezes o mistério pode ocupar minha mente o ano inteiro e atravessar continentes — e foi isso o que aconteceu com o enigma envolvendo as buscas por vestidos de baile de formatura.

A luzinha vermelha do meu telefone começou a piscar. Aquele era um lembrete de que eu tinha outras questões urgentes para resolver. Mas o que realmente estava prendendo a minha atenção naquele momento era minha tela, em que aparecia o 23º termo de busca mais popular num universo de quase um milhão de termos gerando tráfego para sites de vendas no varejo no mês de janeiro. Eu tinha incumbido um de meus analistas de pesquisa da tarefa de passar um pente-fino na lista dos termos de busca que enviavam tráfego para os mais de 20 mil websites rastreados por nós na categoria "vendas no varejo" a fim de encontrar padrões no comportamento de busca.

Depois de passar anos a fio examinando o comportamento dos termos de busca, sabemos que muitos usuários da internet utilizam mecanismos de busca como meio para navegar na web, procurando domínios como "ebay.com" ou "www.ebay.com". Essas pesquisas baseadas em domínios sempre aparecem no topo de qualquer lista de buscas realizadas por usuários da internet. Ocupando a 23ª posição, "vestidos de baile de formatura" era o primeiro termo não-navegacional, fato extremamente intrigante, uma vez que a temporada de formaturas ocorre em maio.

Uma das táticas a que recorro quando confrontado com dados contraintuitivos é buscar alguma confirmação para esses dados em outras fontes. Rapidamente examinei nosso cadastro referente a 1.400 clientes da Hitwise, e localizei alguns estilistas e lojas de departamentos. Também vasculhei números de telefone de contato de estilistas e sites especializados em roupas de formatura. Após meia hora de telefonemas conversando com os supostos especialistas na indústria dos vestidos de baile de formatura, todos os varejistas com quem conversei foram unânimes em afirmar que havia alguma coisa de errado com os nossos dados, já que todos eles estruturam suas campanhas de publicidade e merchandising em torno da temporada de formaturas (março-maio).

Ainda perplexo, e por pensar melhor visualmente, decidi gerar um gráfico para representar o volume de buscas por vestidos de baile de formatura ao longo de um período de dois anos. O diagrama corroborou o mesmo pico que estávamos verificando na lista de termos de busca, um surto gigantesco em janeiro por dois anos consecutivos. Depois de beber a minha segunda xícara de café naquela manhã, eu fiquei atônito. Será que nosso comportamento na internet não deveria ser mais ou menos consistente com a maneira como nos comportamos no mundo real? Por que o universo da internet conceberia buscas por vestidos de formatura em janeiro?

Volume de buscas por "vestidos de baile de formatura"

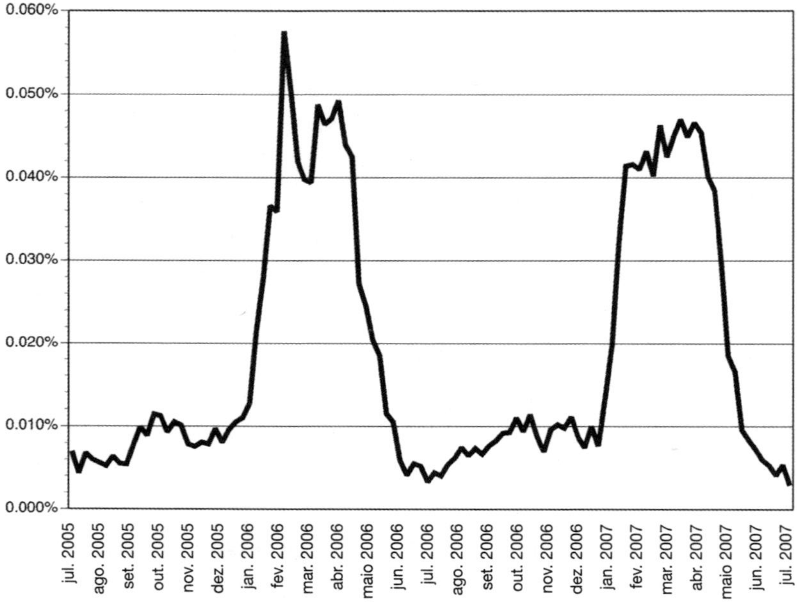

"vestidos de baile de formatura"

Fonte: Hitwise.

Minha atenção se voltou novamente para Taylor, minha personagem inventada. Ela é mais uma estratégia, uma outra ferramenta de pesquisa que usamos para compreender os consumidores e criar um plano de marketing adequado para o tipo de pessoa que o cliente está tentando atrair. Ao longo de toda a minha carreira no ramo de pesquisas de mercado, descobri algo inevitável: quem se debruça tempo demais sobre os dados corre o risco de perder de vista a objetividade. Quando vejo um problema aparentemente insolúvel, exercito o lado direito do cérebro criando perfis do usuário de hoje da internet com base em padrões de comportamento. Neste caso, vou da questão macro "baile de formatura em janeiro?" para algo real e tangível, criando um perfil da adolescente obcecada pelos bailes de formatura. Através de Taylor, talvez eu conseguisse descobrir algumas razões por trás das discrepâncias entre nossos dados e o que a indústria dos vestidos de baile de formatura estava me dizendo.

Para criar minha *persona*, comecei com a simples busca "vestidos de baile de formatura". Usando nossa base de dados sobre o comportamento de busca, encontrei o site com maior número de visitas quando alguém digitou o termo "vestidos de baile de formatura" numa máquina de busca na segunda semana de janeiro. O site campeão de visitas naquela semana foi www.promgirl.net. O website PromGirl vende uma coleção de vestidos de grife e oferece artigos sobre as últimas tendências da moda e recursos relacionados a formaturas, incluindo links para coisas tais como tratamento de acne.

Eu tinha à minha disposição outra ferramenta poderosíssima, um sistema que segmenta a população dos EUA em 66 partes, com base em dados comportamentais tais como compras em lojas, assinatura de revistas e respostas a pesquisas. Esses dados, compilados pela Claritas, serviço da Nielsen Company, são conhecidos como segmentação PRIZM. Aplicando a segmentação PRIZM a nossos dados, que nossos parceiros fornecem adicionando códigos baseados em Zip + 4, temos condições de analisar cada um dos segmentos em visitas a mais de 35 mil websites nos Estados Unidos. A Claritas também agrupa esses segmentos em grupos por etapa de vida (que ordena as pessoas segundo o estágio atual de suas vidas: juventude, vida familiar, maturidade) e grupos sociais (que constata onde as pessoas vivem: áreas urbanas, suburbanas, cidade pequena, zona rural). Uma vez que as visitas ao PromGirl revelavam um padrão idêntico de buscas a " vestidos de baile de formatura" (picos de visitas durante o mês de janeiro), ao analisar a segmentação psicográfica dos visitantes daquele site cheguei a um retrato da típica família em que poderíamos encontrar nossa *persona* adolescente Taylor.

Assim, seguindo o rastro das buscas nas máquinas de busca até sites individuais e os segmentos que visitavam esses sites, pudemos ver que, no mês de janeiro, o grupo social com o maior número de visitas ao site PromGirl.net foi o grupo rural afluente, chamado T2, ou os *country comforts*. ("T" denota um segmento rural, ao passo que "2" é uma medida de afluência, sendo 1 o mais rico e 4 o menos rico).

Para criar o perfil de Taylor, voltei ao banco de dados da Claritas para encontrar um condado nos Estados Unidos que tivesse as mais altas concentrações de country comforts. Escolhi uma pacata zona rural na Virgínia, fronteira com a baía de Chesapeake. Por meio de uma rápida pesquisa no Google, identifiquei as mais importantes escolas de ensino médio, depois examinei no MySpace os perfis de estudantes matriculados naquelas escolas, e, com um esforço mínimo, tinha diante de mim um rico conjunto de perfis de frequentadores country comfort de bailes de formatura. Os perfis eram fartos em dados, incluindo informações que iam da música favorita a shows e lojas preferidos, bem como gracejos — com carimbo de data e horário — entre amigos acerca de diversos tópicos, incluindo, entre outras coisas, o baile de formatura vindouro.

Enquanto examinava esses vários perfis, tive a percepção de que a indústria dos bailes de formatura tinha mudado significativamente desde minha época de estudante. Abri outra janela no navegador e obtive alguns números sobre o tamanho do mercado. Fiquei extremamente surpreso: de acordo com a International Formal Association (Associação Internacional de Bailes a Rigor, IFA), trata-se de uma indústria de mais de 4 bilhões de dólares, para ser exato. A IFA estima que hoje em dia um casal adolescente típico gaste em média mais de 1.200 dólares em jantar, limusine, buquê, cabeleireiro, smoking e... vestido. Não tenho como saber hoje quanto custou o vestido da minha parceira de baile, mas posso dizer que em 1984 aluguei um traje a rigor (por 40 dólares), pedi emprestado o carro dos meus pais (10 dólares de gasolina), apareci na casa dela com um buquê (que me custou mais 10 dólares), sendo que o jantar estava incluído no ingresso (40 dólares cada). Gastei ao todo 140 dólares.[8] Os tempos mudaram. De fato, de acordo com a IFA, uma menina vai experimentar em torno de 33 vestidos nas semanas que antecedem o grande evento.

Confortável com a potencial aplicação comercial desse exercício, procurei responder à primeira pergunta: se a maior parte das formaturas ocorre em meados ou fins de maio, por que o maior volume de buscas por "vestidos de baile de formatura" se dá na primeira semana de janeiro? Voltei a mapear as buscas ao termo. O gráfico inicial que eu fizera sobre os padrões de busca de vestidos de baile de formatura abarcava todas as buscas nos Estados Unidos, independentemente de seu destino. Segmentando os gráficos em diferentes destinos, pude começar a dissecar a intenção do internauta por trás dessas buscas. Por exemplo, quando mapeávamos as buscas por "vestidos de baile de formatura" que resultavam em visitas a trajes especiais e sites de moda, obtínhamos um padrão totalmente diferente das buscas que resultavam em visitas a sites de lojas de departamentos on-line mais gerais. Quando criei a personagem de Taylor, um dos atributos comuns que se adequava à descrição era um interesse declarado por revistas de moda. Dado esse interesse, era provável que ela estivesse entre o grupo que iniciava as buscas aos vestidos em janeiro, pouco depois de ler em suas revistas favoritas quais seriam as últimas tendências da moda.

Por outro lado, é bastante diferente a curva de buscas para visitas que terminam em sites de lojas de departamentos on-line, buscas que se adaptam a um pico mais previsível em meados de abril. Se há dois padrões separados de buscas, é provável que haja dois segmentos de comportamento, o que talvez represente dois tipos de frequentadores de bailes de formatura e a necessidade de um segundo perfil.

Diferentemente de Taylor, que encara os bailes de formatura com um olhar de fashionista, o usuário que busca vestidos em meados de abril provavelmente usará termos de pesquisa como "vestidos de formatura baratos", e há grandes chances de que visite um site como www.edressme.com, para o qual, em meados de abril, o segmento demográfico PRIZM mais proeminente é o de famílias suburbanas menos afluentes, conhecido como S3, ou *middleburbs*. Foi nesse segmento que introduzi minha segunda *persona*, "Cassie".

De pé, na fila de uma loja Starbucks, você teria dificuldade em distinguir essas duas adolescentes (tanto os membros dos country comforts como os dos middleburbs frequentam essa cafeteria) enquanto elas pedem seus frapuccinos de banana e caramelo.

Ao contrário da Taylor, nossa segunda *persona* encara o baile de formatura com visão mais utilitarista. Cassie vive com a mãe divorciada numa casa pequena de subúrbio, perto de Orlando, Flórida. Assim como Taylor, Cassie adora fazer compras. Contudo, em matéria de roupas seu gosto tende a ser mais prático e acessível. Em sua página do MySpace, Cassie lista como suas lojas favoritas a Abercrombie & Fitch e a Hollister.

Também diferentemente da página de Taylor, que parece representar uma espécie de utopia adolescente, a página de Cassie é um meio de dar vazão à angústia juvenil. A música de fundo é uma furiosa canção de heavy metal com letras que mal consigo entender. Porém, a trilha sonora parece o acompanhamento perfeito para as postagens de seu blog, que expressam o ódio que ela sente pelo pai, que saiu de casa quando Cassie ainda era bem novinha, e uma desconfiança geral pelos meninos, que, de acordo com seu perfil de temática gótica, "só querem saber de uma coisa".

Para Cassie, o baile de formatura não passa de apenas mais uma festa do ano escolar, e bem cafona. Na verdade, Cassie declara abertamente sua predileção por tequila Cuervo Gold e cabines de bronzeamento, o que parece não combinar nem um pouco com sua personalidade gótica (associo "gótico" à pele pálida, cabelo pintado de preto e cigarros de cravo). Se, por um lado, seu comportamento na internet revela uma infância mais problemática e sombria que a de Taylor, por outro mostra também uma busca por vestidos de baile mais consciente em relação a preços, busca esta que provavelmente começaria em fins de março ou início de abril. Para Cassie, o baile de formatura é mais uma necessidade, um evento a que ela planeja ir com os amigos de mesmo gosto e opinião, e não algo que tenha planejado o ano inteiro. Nesse caso, os vestidos são uma compra de pouca importância. O mais provável é que ela compre o vestido numa loja de departamentos no shopping local depois de pesquisar na internet estilos e preços básicos.

Mesmo que já conhecêssemos de antemão as diferenças entre esses dois tipos de adolescente, os dados de pesquisa na internet combinados ao comportamento psicográfico de compras nos propicia detalhes sobre suas diferentes vidas. Porém, talvez o mais importante seja o fato de que nos ajuda a explicar por que os vestidos de formatura (pelo menos para algumas meninas) atingem o pico em janeiro.

Conforme vim a descobrir depois de anos dissecando tendências na internet, o início do ano é uma época bastante peculiar na web, uma caixa virtual de introspecção, organização e resoluções. Os principais tópicos podem variar de perda de peso a entrar em forma, de parar de fumar a até mesmo gravidez. (Jamais pensei que gravidez pudesse ser uma promessa de Ano-Novo, um desvio que tratarei no capítulo 4.)

A maneira como fazemos buscas e pesquisas na internet pode nos dizer muita coisa sobre nós mesmos, e os vestidos de baile de formatura são um mero exemplo disso. Embora seja comum supormos que o que acontece no mundo off-line é refletido no mundo on-line, isso nem sempre acontece. O acesso a enormes quantidades de dados sobre o comportamento dos usuários on-line revela não apenas a diferença entre os dois mundos, mas também as sutilezas de nossos interesses e pensamentos num determinado momento.

Até hoje, a compreensão dos comportamentos sociais, preferências e respostas a estímulos foi, na melhor das hipóteses, uma ciência inexata. Os pesquisadores tiveram de confiar em dados empíricos ou primários coletados por meio de levantamentos e sondagens para entender nossa sociedade, apesar de serem ferramentas limitadas. A coleta de dados empíricos a partir de comportamentos observados não é muito barata, a menos que os dados já existentes abordem especificamente a pergunta que se está tentando responder.

A expansão da internet em nossa vida diária e a substituição de tarefas no mundo real por sua contraparte on-line tem um interessante corolário. Com que frequência você busca na internet um número de telefone ao invés de consultar as *Páginas amarelas*? Com que frequência você envia um e-mail em comparação ao número de vezes em que manda uma carta pelo correio? Você está mais propenso a fazer planos de viagem on-line ou a pegar o telefone e conversar com um agente de viagens ou com um funcionário da empresa aérea responsável pelas reservas? À medida que essa substituição de atividades é crescente, um rico conjunto de dados observados nos permitem vislumbrar com discernimento o que fazemos em nossa vida diária. Tal discernimento pode ir além dos simples altos e baixos e fluxos e refluxos dos dados sobre termos de busca, penetrando na efetiva intenção por trás dessas buscas.

Por exemplo: por meio da observação do uso da internet podemos constatar com clareza a maneira como a avalanche de informações da televisão, da mídia impressa e até mesmo da própria internet podem mudar o comportamento.

Levemos em consideração o quanto a internet mudou as compras de vestidos de bailes de formatura. Antes da internet, a temporada de compras de vestidos era ditada pelos vendedores. Os modelos mais modernos só começavam a aparecer nas lojas no mínimo no final de março. Com o advento da internet, o merchandising e as informações estão disponíveis 24 horas por dia, sete dias da semana, 365 dias do ano.

Embora eu conseguisse entender o fato de meninas como Taylor saírem procurando vestidos logo no início do ano, ainda estava intrigado com o padrão que representava todas as buscas a vestidos de formatura por parte de todos os usuários adolescentes da internet. A primeira semana de janeiro, em média, era realmente o pico da temporada?

Quando viajo para proferir palestras, tenho por hábito incluir em minha apresentação alguns gráficos misteriosos, pensando na possibilidade remota de alguém da plateia ter uma pista para me ajudar a solucionar o enigma. Decidi arriscar a sorte com o gráfico sobre os vestidos de baile de formatura numa palestra para a Associação de Editoras On-line. Ao final da minha fala, enquanto eu desconectava meu computador do projetor, um cavalheiro bastante elegante aproximou-se de mim e disse: "Sei tudo sobre vestidos de formatura, e acho que sei a resposta para esse pico que vocês estão vendo em janeiro". Parei na hora o que estava fazendo. Olhei para o cartão de visita que ele acabara de me passar. Eu estava falando com o gerente geral da divisão adolescente on-line de uma grande editora. Ele me disse que a mídia impressa adolescente somada com a internet tinham mudado o comportamento dos internautas nos últimos anos. Anos atrás, a temporada de publicidade e propaganda relativa aos bailes de formatura se concentrava entre março e maio. Mas, para estender a temporada publicitária — já que as formaturas são o período mais lucrativo para as revistas voltadas a adolescentes —, a indústria começou a lançar no final de dezembro as revistas de moda com enfoque nos bailes de formatura. Com o tempo, esses fatores alteraram o comportamento de tal maneira que as meninas agora procuram já no início de janeiro informações sobre a última moda em vestidos de baile.

De fato, cópias de *Cosmo girl* e *Seventeen prom* chegam às bancas no início do ano, para serem compradas por meninas como Taylor e suas amigas, estabelecendo assim as tendências para o ano seguinte. Como resultado, certo segmento de adolescentes foi condicionado a começar a pensar na formatura com cinco meses inteiros de antecedência. Ver esse gráfico contraintuitivo de buscas por vestidos de baile de formatura em janeiro foi minha primeira pista sobre essa mudança.

No entanto, certos aspectos do *timing* relativo aos bailes de formatura continuam os mesmos. Para colocar as coisas em perspectiva, dispus num mesmo gráfico as buscas sobre "vestidos de baile de formatura", "penteados de formatura" e "smokings". Partindo do pressuposto de que a preocupação com o cabelo é o fator que provavelmente causa mais alvoroço no período imediatamente anterior à temporada de formaturas, podemos ver o grau de antecedência com que as buscas por vestidos de fato ocorrem quando comparadas às referentes aos preparativos de última hora.

Se você está se perguntando se os meninos adolescentes estão tão envolvidos quanto as meninas no que tange às pesquisas sobre bailes de formatura, podemos responder elaborando um gráfico com as buscas a trajes a rigor durante o mesmo intervalo de tempo. As buscas por smokings estão numa ordem de magnitude menor do que a sua contraparte de vestidos. Para alargar ainda mais o abismo entre os sexos, o exame dos sites visitados por essas buscas nos permite constatar que os principais sites de smokings são femininos. Essa discrepância demográfica poderia ser explicada por uma provável mistura dos meninos e suas respectivas mães conduzindo tais buscas. Os dados regionais sobre os visitantes dos sites podem nos dizer ainda mais.

Por exemplo, os bailes de formatura são grandes acontecimentos no Sul. Uma das buscas mais populares na internet é por "vestidos de formatura tamanho extragrande". Quem realiza esse tipo de busca provavelmente visita www.sidneyscloset.com, site que afirma "aumentar o tamanho do glamour". É interessante que a maioria das pessoas que visitam o site é do Mississipi, da Louisiana, da Carolina do Norte ou da Geórgia. Tendo passado bastante tempo no Sul, só posso imaginar que se trata de um fenômeno relacionado à boa e caseira culinária sulista.

Partindo do princípio de que nem todas as buscas e nem todas as pessoas que fazem buscam pelos vestidos são iguais, comecei a analisar as expressões mais comuns contendo "vestidos de formatura". Os dados revelaram muitas maneiras possíveis de agrupar essas buscas por cor, estilista, variações de tamanho e preços. Para nossos propósitos, vamos nos ater a uma categorização bastante simples de dois tipos de buscas: aquelas que giram em torno dos vestidos de formatura segundo a ótica da moda, e aquelas relacionadas à compra efetiva de vestidos.

Se examinarmos o pico de buscas que acontece todo ano em janeiro, o que concluímos é que essas buscas concentram-se em torno da pesquisa sobre as tendências da moda da estação seguinte. As buscas de janeiro contêm termos com nomes de marcas, tais como "vestidos de formatura Tiffany", "vestidos de formatura Alyce" e "vestidos de formatura Excite". Podemos imaginar Taylor nessa confusão de início de temporada, e até mesmo captar fragmentos de discussão na seção de comentários de seu perfil. Mais tarde, contudo, entre março e abril, verificamos que meninas como Cassie ocupam-se de buscas mais práticas, usando como termos de pesquisa "vestidos de formatura baratos" e "vestidos de formatura com desconto" e "vestidos de formatura de baixo custo". Isso explica por que no início do ano as buscas por vestidos de formatura conduzem os visitantes aos sites de moda, ao passo que nos meses subsequentes essas mesmas buscas tendem a remeter o tráfego para as lojas de departamentos on-line.

Volume de buscas por "vestidos de baile de formatura 2006" e "vestidos de baile de formatura baratos"

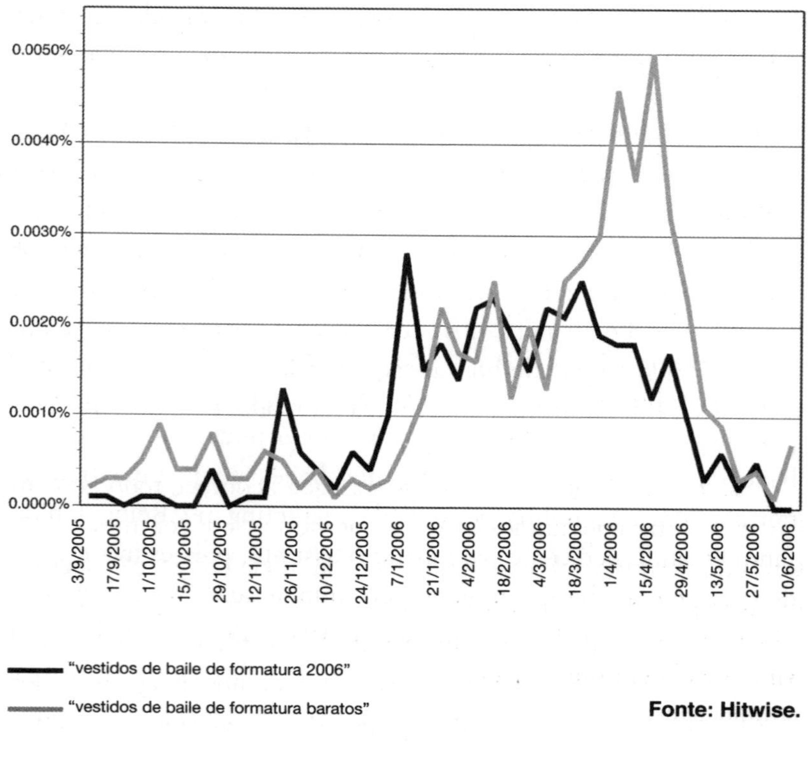

Fonte: Hitwise.

Além de ajudar a resolver o enigma do que aparentemente era um conjunto de dados equivocados, esse exercício oferece um ótimo exemplo de como a internet simplesmente mudou nosso comportamento de compra, não apenas de vestidos de baile de formatura, mas também para setores como as publicações de moda, cujos editores agora podem estender por cinco meses a temporada de lançamentos desses vestidos. O que é mais impressionante com relação ao fenômeno é que enquanto as editoras e estilistas tinham consciência da tendência, a mudança de *timing* passou despercebida pelos varejistas que vendiam roupas para a ocasião. Essa diferença de percepção gerou ineficiência no mercado on-line. Se os lojistas tivessem prestado atenção às tendências de buscas, poderiam ter capturado a atenção dos compradores já no início de suas pesquisas de compra. Além de apontar para a ineficiência, o exercício também municia a indústria da moda com um meio de ampliar o fenômeno para além das fronteiras dos EUA.

Vestidos de baile de formatura do outro lado do Atlântico

No verão de 2005 tive o prazer de discursar para uma plateia londrina sobre o papel da inteligência competitiva no campo das pesquisas. Conhecendo meu fascínio pelo tema dos vestidos de baile de formatura e a natureza dos bailes como uma tradição norte-americana, minha gerente de marketing no Reino Unido, Jannie Cahill, pediu-me para evitar o assunto, pois estava receosa de que eu acabasse afugentando minha audiência britânica. Obviamente, tal pedido era quase a convicção de que aquele tópico viria à baila em minha palestra.

No dia anterior à conferência, pesquisei o volume de vestidos de baile de formatura no Reino Unido. Para minha surpresa, o gráfico revelou um número significativo de buscas ao termo, e o padrão de buscas era praticamente idêntico aos gráficos norte-americanos.

Um tanto quanto intrigado com essa tendência, descobri a página que recebia o maior volume de tráfego, www.teentoday.co.uk, e liguei para o número de telefone na seção "Sobre Nós" do site. Oliver Mealings, editor do site, mostrou-se ansioso para explicar como uma tradição norte-americana tinha cruzado o oceano. De acordo com Ollie, os adolescentes do Reino Unido tinham o hábito de realizar festas de fim de ano para celebrar o término do calendário escolar. Recentemente, a proliferação de séries de tevê a cabo como *Barrados no baile* e a mais recente *The O.C.* (no Brasil também exibida na tevê aberta como *Um estranho no paraíso*) fez com que os britânicos assimilassem à sua própria cultura a tradição do baile de formatura.

Examinando os termos de busca referentes a "baile de formatura" tanto no Reino Unido quanto nos Estados Unidos, descobrimos que há uma alta dose de semelhanças entre os dois casos nas principais buscas: mas é aí que as semelhanças acabam. Nos Estados Unidos, aparentemente, os cabelos são uma tremenda causa de preocupação durante o mês de maio; no Reino Unido, as buscas de última hora concentram-se em aspectos básicos, como onde comprar o vestido. Outra diferença notável é que no Reino Unido os cavalheiros se envolvem um pouco mais que os norte-americanos. O termo de busca "ternos de baile de formatura" aparece na décima posição na lista do Reino Unido, ao passo que "smoking" nem sequer consta da lista dos EUA.

As vinte principais expressões de busca nos Estados Unidos e no Reino Unido contendo o termo "baile de formatura" (semana terminando em 6 de maio de 2006)

20 principais expressões de busca nos EUA	Distribuição percentual
vestidos de baile de formatura	11,02%
estilos de cabelos baile de formatura	6,69%
estilos cabelos baile de formatura	3,18%
cabelos baile de formatura	2,55%
penteados formais baile de formatura	2,31%
baile de formatura	2,27%
vestido de baile de formatura	1,22%
vestidos baratos de baile de formatura	1,13%
sapatos de baile de formatura	1,09%
estilos de cabelo para baile de formatura	0,82%
estilos cabelos para baile de formatura	0,63%
vestidos de baile de formatura Tiffany	0,58%
vestido de baile de formatura 2006	0,54%
penteados de baile de formatura	0,54%
estilos de cabelos baile de formatura 2006	0,52%
fotografias estilos de cabelos baile de formatura	0,46%
penteados baile de formatura	0,43%
vestidos sensuais de baile de formatura	0,33%
baile de formatura 2006	0,31%
vestidos de gala de baile de formatura	0,31%

20 principais expressões de busca no Reino Unido	Distribuição percentual
vestidos de baile de formatura	19,85%
estilos de cabelos baile de formatura	4,11%
vestido de baile de formatura	3,45%
estilos cabelos baile de formatura	2,10%
baile de formatura	1,81%
cabelos baile de formatura	1,46%

vestidos de baile de formatura Reino Unido	1,45%
sapatos de baile de formatura	1,43%
vestidos baratos de baile de formatura	0,74%
ternos de baile de formatura	0,47%
aluguel de vestido de baile de formatura	0,47%
vestido de baile de formatura Reino Unido	0,32%
vestidos de baile formatura no Reino Unido	0,28%
vestidos de baile de formatura no Reino Unido	0,22%
vestidos de baile de formatura de grife	0,22%
show de moda de vestidos de formatura	0,22%
lojas de vestidos de baile de formatura em Londres	0,20%
Reino Unido vestidos de baile de formatura	0,20%
joias de baile de formatura	0,20%
roupas de baile de formatura	0,20%

Fonte: Hitwise.

O "OUTRO" VESTIDO E O ULTIMATO DO NOIVADO

Os vestidos de baile de formatura não são o único exemplo de padrão esclarecedor que podemos descobrir no exame de dados relativos a termos de busca. O acaso nos levou às buscas por vestidos de casamento e sua ligação com pesquisas sobre anéis de noivado. A ocorrência "vestidos de casamento" ocupa (ainda que distante) a segunda posição entre as pesquisas mais populares por "vestidos" na internet, e, assim como ocorre no caso dos vestidos de baile de formatura, também chegam ao ponto máximo no início do ano. Já no caso de "smokings" e "trajes a rigor masculinos", uma análise dos principais termos de busca contendo "casamento" confirma que o evento tem muito pouco tem a ver com o noivo, que só aparece na lista de termos de busca ocupando a 145ª posição, na referência "anel de noivado para homem".

Embora haja picos de buscas adicionais por "vestidos de casamento" durante a semana do Dia dos Namorados,* e no início da temporada de casamentos, em meados de junho, as buscas por vestidos de casamento em janeiro não chegam a surpreender se levarmos em conta que essas pesquisas provavelmente estão relacionadas aos pedidos de casamento que ocorrem no Natal ou no Ano-Novo, duas das datas mais comuns para a efetivação de propostas de casamento.

Um gráfico de buscas por "vestidos de casamento" em contraste com "anéis de noivado" corrobora a teoria. A surpresa foi descobrir que houve fortes picos em buscas por anéis de noivado na semana anterior ao Dia de Ação de Graças. Na verdade, durante essa semana, as buscas por anéis de noivado mais que dobraram.

Duas teorias poderiam explicar esse acentuado aumento de interesse que se verifica uma semana antes que as lojas atinjam seu pico de vendas. Em primeiro lugar, a explicação prática: o resultado reflete buscas ligadas a pesquisas. Uma vez que para compras de grande monta a internet é usada essencialmente como instrumento de pesquisa, é razoável esperar que os pretensos noivos fariam pesquisas uma semana antes de decidir entrar numa loja e comprar um anel.

A teoria mais pessimista, formulada por minha analista de pesquisas, LeAnn Prescott, dá conta de que o Dia de Ação de Graças é um feriado familiar, e um período propício para que a menina leve o namorado firme para conhecer seus pais. Antes da viagem ocorreria a "conversa", em que a menina pergunta ao rapaz que rumo o relacionamento está tomando, e possivelmente faz um

* Enquanto no Brasil o Dia dos Namorados é celebrado em 12 de junho, nos EUA o tradicionalíssimo Valentine's Day (Dia de São Valentim) é comemorado em 14 de fevereiro. (N. T.)

ultimato: ou ele a pede em noivado antes de conhecer os pais dela ou a coisa acaba por ali mesmo. Existe uma variante da "desculpa conveniente" para o ultimato do noivado, a saber: querendo pedir ao pai da namorada permissão para se casar com a filha, o noivo usa o Dia de Ação de Graças como desculpa conveniente para fazer pesquisas on-line sobre anéis de noivado, depois pede o consentimento dos pais, e por fim lança a pergunta no Ano-Novo.

Isso tudo realça uma dicotomia nos comportamentos de busca em torno de dois diferentes itens. Normalmente, os vestidos de baile de formatura são objetos de pesquisa de mulheres, num ciclo que pode se estender de quatro a cinco meses, com preços que variam entre 200 dólares e 300 dólares; já o escopo das buscas por anéis de noivado, provavelmente uma das compras mais caras da vida de um homem, é de uma única semana. Esse, aliás, é apenas o começo de nossas observações acerca das diferenças entre homens e mulheres on-line.

Em setembro de 2001, a indústria de joias verificou aumento extemporâneo de vendas de anéis de noivado, imediatamente após os episódios de 11 de setembro. Se numa época de tragédia nacional — tais como foram os ataques terroristas daquele dia — seria intuitivo o aumento de 1.800% nas vendas de bandeiras e o crescimento de mais de 100% no comércio de munição em comparação ao mesmo período do ano anterior,[9] o incremento nas vendas de anéis era um pouco mais intrigante. O efeito 11 de setembro demonstrou que um ataque em solo norte-americano, experiência até então inédita para a maior parte dos estadunidenses, causou uma grande efusão de patriotismo, mas também uma onda de introspecção. Um evento que deixou no país inteiro um sentimento de ódio, e que em muitos casos suscitou o desejo de vingança, provocou também uma sensação de vazio. Conforme verificou-se pelos números crescentes das vendas de joias pelo país, o 11 de setembro fez com que muita gente sentisse a necessidade de estabelecer vínculos e encontrar força na companhia de outras pessoas.

Em nossa análise dos feriados de fim de ano de 2005, o padrão de anéis de noivado do mês de novembro verificado nos dois anos anteriores não foi recorrente. Recuando, contudo, constatamos que na primeira parte de setembro houve um aumento extemporâneo nas buscas por anéis de noivado, que atingiram o pico naquela mesma semana: a semana seguinte ao devastador furacão Katrina.

Quando se trata de interesse on-line, a questão do *timing* pode ser enganosa, e pode mudar. Por exemplo, no ano passado, o aumento nas pesquisas por vestidos de baile de formatura voltou para o período novembro-dezembro. O que fica claro com o tempo — o que constato conversando com profissionais de marketing de varias áreas — é que é quase universal o cálculo equivocado do interesse on-line com base em nossa própria percepção. A observação do efetivo comportamento on-line do consumidor é a maneira mais eficaz de se manter a par dos inconstantes usos e costumes dos consumidores, e de compreender o que é importante e quando.

Capítulo 4

As promessas não cumpridas e a síndrome da falsa esperança

A primeira semana de janeiro é um período peculiar em termos de análise de comportamento na internet. Embora haja uma grande quantidade de buscas e atividades em torno das tradicionais promessas de Ano-Novo, tais como perder peso, entrar em forma e abandonar o hábito de fumar, algumas buscas revelam que a primeira semana do ano é também uma época de introspecção e planejamento.

O interesse em examinar nossa vida e o que o ano à nossa frente nos reserva tem um significado que transcende a descoberta de quando estamos interessados em um tema ou assunto particular. Às vezes, nossas buscas revelam um pequeno vislumbre da condição humana, nossas fraquezas e fragilidades. Devo admitir que senti certo conforto ao examinar alguns dos dados acerca das promessas de Ano-Novo e constatar a efemeridade da natureza de nossa determinação de mudar.

Para explicar o valor que os dados referentes a termos de busca podem ter no que tange à compreensão daquilo que queremos, conto com um gráfico sempre a postos no PowerPoint, esteja discursando numa conferência de varejistas, numa convenção sobre viagens ou qualquer outro tipo de reunião. Geralmente exibo o gráfico sem nenhum título ou indicação do que estou querendo de fato representar. Depois peço à plateia para tentar adivinhar o que estou mostrando. Depois de alguns palpites que variam de lugar para lugar, revelo que se trata do padrão de buscas a dietas e regimes nos Estados Unidos.

O interessante é que, assim que aponto esse fato, a maior parte da plateia consegue identificar os pontos altos e baixos sem ao menos olhar as datas no eixo x. A maioria de nós ou já lutou contra problemas de peso e desinformação sobre dietas, ou conhece alguém nessa situação.

É difícil escapar dos anúncios: "Perca 20 quilos em quatro semanas"; "Perca 5 quilos em apenas três dias"; "Perca peso sem exercícios, sem dieta, sem remédios!" Com o volume excessivo de afirmações ao mesmo tempo extremadas e banais que nos bombardeiam por e-mail e por meio de máquinas de busca e em banners de websites, é impressionante que a obesidade nos Estados Unidos tenha atingido proporções epidêmicas, afetando quase 60 milhões de norte-americanos.

O primeiro pensamento que me ocorre quando vejo essas mensagens de propaganda é que se perder peso fosse assim tão fácil todo o mundo seria magro. A persistência desses anúncios, ano após ano, combinada às nossas cinturas cada vez mais avantajadas, é a prova de que continuamos a nos deixar seduzir por promessas espúrias — e o estrago pode ser cada vez pior. Será que, além de exagerados e inúteis, os anúncios e a publicidade na verdade aumentam nossa propensão ao excesso de comida? Talvez os anúncios de dietas e regimes acabem tendo o efeito contrário do que alegam, exacerbando nossos problemas de peso.

Os dados da internet nos dizem que, assim como a maioria dos padrões de dieta, o interesse por regimes apresenta os previsíveis altos e baixos a cada ano. E, graças ao marketing de buscas, essas alegações extremadas dos regimes e dietas emergem quando usamos uma máquina de busca para consultar a melhor maneira de perder peso.

Por um breve período de tempo, quatro dias no início do Ano-Novo, para ser exato, há um pico de interesse por perda de peso e boa forma física (e, coincidentemente, por marketing on-line e máquinas de busca). As estimativas dão conta de que entre 40% e 45% de todos os norte-americanos fazem promessas de Ano-Novo, mas, passados seis meses, apenas 46% mantêm as decisões.[10] (Contudo, conforme aprendemos no capítulo anterior, o conceito de dissonância cognitiva dá ensejo para que duvidemos até mesmo de tal afirmativa. Afinal, quem quer admitir para si mesmo que não tem força de vontade para manter as decisões tomadas no início do ano?)

Diante de uma perspectiva tão sombria com relação às nossas chances de cumprir uma promessa de Ano-Novo tal como perder peso, por que então continuamos encarando cada início de ano com renovado prazer e comprometimento com a intenção de mudar? A resposta pode estar na sensação de controle, ainda que bastante efêmera, que as promessas de Ano-Novo nos propiciam. Tenho o poder de mudar. Posso assumir o controle da minha vida, meu peso, minha forma física, minhas finanças. Porém, cada sucessivo abandono, cada nova tentativa escorada em promessas e afirmações ainda mais ousadas de nossa capacidade de alterar radicalmente nossa vida, alimenta a esperança que por fim leva ao fracasso — ou à "síndrome da falsa esperança".

Janet Polivy, professora de psicologia na Universidade de Toronto, cunhou essa expressão para descrever os resultados de sua pesquisa. A síndrome da falsa esperança é o estado lamentável de nossas persistentes tentativas de mudar, apesar de fracassos anteriores. A doutora Polivy argumenta que o simples ato de se comprometer com a mudança nos dá uma sensação temporária de controle que sobrepuja a memória das tentativas malogradas anteriores. Mas a sensação de controle é fugaz, e quanto mais irrealistas e fantasiosas nossas expectativas com relação a dietas e regimes, maior o tombo.

Num estudo realizado na Universidade de Toronto, um grupo de 87 mulheres participou de um experimento envolvendo os efeitos de promessas irrealistas de dietas em seu comprometimento com a mudança. No estudo, as mulheres foram separadas em três grupos, e cada um travou contato com anúncios de regime de três diferentes níveis de perda de peso: de "perca cinco quilos em uma semana", "perca três quilos em uma semana" a "perca até um quilo em uma semana".

No início do experimento, as mulheres foram avisadas de que participariam de dois diferentes estudos (embora na verdade as duas atividades fizessem parte do mesmo teste). Depois de serem submetidas aos anúncios, tomariam parte de um estudo de degustação de biscoitos. Cada um dos três grupos foi conduzido para uma sala diferente, onde havia enormes pratos com biscoitos. Ao final de um período de dez minutos, assim que os participantes do estudo deixaram as respectivas salas, todos os pratos de biscoitos foram pesados. O peso dos pratos revelou claras diferenças entre os grupos. Será que os anúncios testados na primeira metade do experimento efetivamente afetaram os hábitos dos participantes?

Os dados indicam que sim. O grupo submetido ao anúncio de dieta com as promessas mais agressivas comeu o menor número de biscoitos, ao passo que o grupo a quem coube o anúncio com as pretensões menos fantasiosas foi o que mais comeu.

Esse experimento demonstra a resposta que é extraída de nós quando pensamos ter a oportunidade de mudar significativamente a nossa vida. A avidez do grupo que esperava "perder cinco quilos em uma semana" provavelmente está relacionada à sua sensação de controle e poder. Infelizmente, uma vez que a maior parte dessas promessas requer ou restrições irrealistas à ingestão de calorias, ou são completamente improváveis, tais dietas em geral levam ao fracasso e à decepção — o que a doutora Polivy chamou de síndrome da falsa esperança.

Examinando nossos hábitos de uso da internet por volta daquele que talvez seja o feriado oficial da síndrome da falsa esperança — 1º de janeiro ou Dia de Ano-Novo —, podemos ver em plena ação essa energia no sentido da mudança de vida, o que se reflete tanto no surpreendente aumento da busca de informações sobre dietas e perda de peso como na subsequente perda de interesse, à medida que percebemos que nossos objetivos iniciais eram irrealistas.

O que os dados da internet podem revelar sobre a síndrome da falta de esperança e nossa falta de força de vontade?

A navegação na internet e os dados referentes a dados de termos de busca revelam muita coisa sobre nossa psique e a sensação de ser capaz de controlar nossa vida e pôr em prática nosso compromisso com a mudança. Na era da internet, a dieta pode ser o resultado da publicidade on-line ou de alguma coisa que aconteça off-line, como comerciais de rádio ou tevê, que nos levam em última instância a descobrir mais; e o meio mais provável de encontrar informação é uma máquina de busca. Monitorando a atividade de busca agregada, vemos os padrões em plena ação.

Todo dia 1º de janeiro, enquanto as livrarias entopem suas prateleiras com livros sobre regimes, dietas, boa forma e melhoria da casa, e as academias de ginástica perseguem agressivamente as pessoas decididas, as máquinas de busca mostram um pico, previsível e impressionantemente volumoso, de pesquisas sobre questões ligadas ao aperfeiçoamento pessoal. Representei graficamente as buscas por "receitas de Ação de Graças", juntamente com visitas relacionadas a receitas on-line, para mostrar a justaposição entre o maior feriado de comida norte-americano e o ponto mais baixo do interesse por dietas.

Visitas a sites de dietas on-line e buscas por "receitas de Ação de Graças"

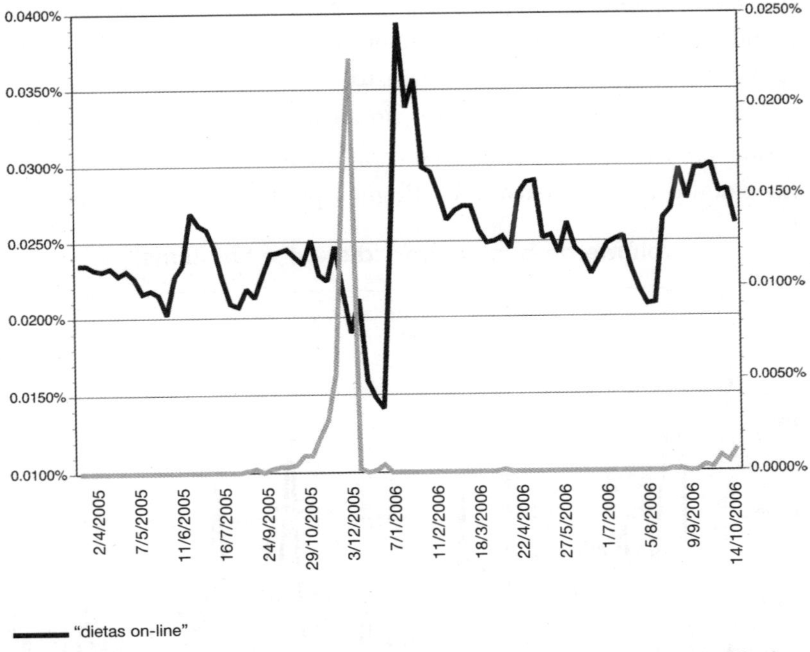

Fonte: Hitwise.

Os picos de buscas não são apenas impressionantes. O padrão anual de visitas on-line a sites de dietas é um dos mais previsíveis no campo do comportamento da internet. Todo ano, o pico de visitas a sites que ajudam os usuários a desenvolver planos de regime ocorre no primeiro dia do ano. O pico de interesse dura apenas de quatro a cinco dias. Por volta de 5 de janeiro, as visitas a sites de dietas começam a declinar, e a curva descendente não dá sinais de recuperação até o verão, período de renovado interesse em dietas por conta da temporada de moda praia e trajes de banho.

De fato, mapeando graficamente em conjunto as buscas por regimes e biquínis, podemos ver que estamos pensando à frente já em meados de março e abril, antes que aumente a necessidade de trajes de banho, sendo que as buscas por biquínis atuam como grande representante do interesse por trajes de banho, que começa no final de maio e termina em agosto*.

Assim que chega ao fim o nosso interesse em ficarmos em forma para o verão, o interesse por dietas começa a despencar novamente ladeira abaixo até atingir o ponto mais ínfimo do ano

Volume de buscas por "dietas" e "biquínis"

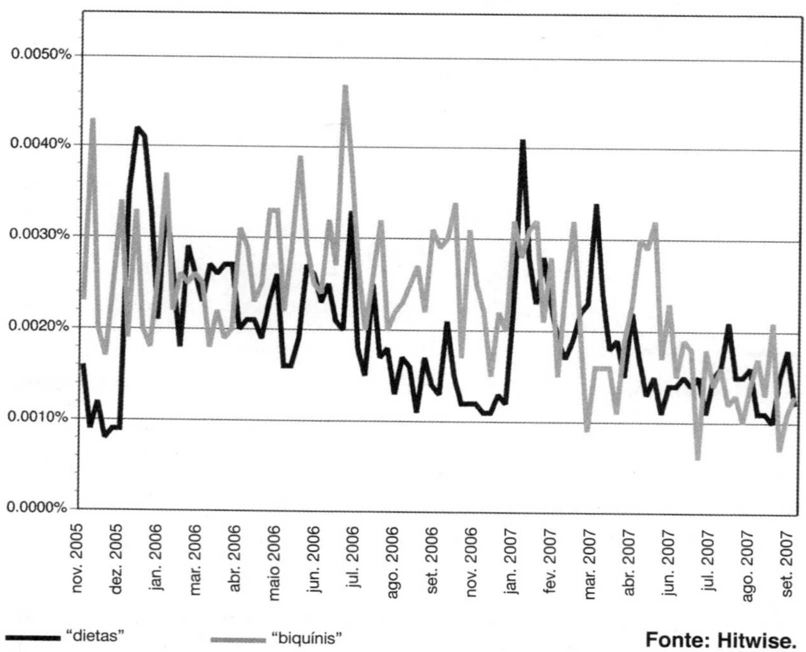

Fonte: Hitwise.

* Verão no hemisfério Norte. (N.T.)

no dia em que a maioria de nós sente a maior necessidade de orientação nutricional, ou, melhor ainda, de controle — o feriado com o máximo de ingestão de calorias: o Dia de Ação de Graças*.

Não surpreende ninguém o fato de que o gráfico mostra que o Dia de Ano-Novo representa o pico das visitas a sites de dietas. Quando meu PowerPoint chega a esse gráfico em particular durante uma apresentação, a plateia invariavelmente cai na risada, bem como abraça instantaneamente a ideia de que podemos aprender mais sobre nós mesmos através do nosso comportamento na internet.

Ao término de cada apresentação, respondo a algumas perguntas no período de tempo estipulado para um rápido debate ou bate-bola, ou então depois, para aqueles que preferem conversar individualmente. Numa conferência sobre máquinas de busca em Nova York, uma moça da plateia veio falar comigo apenas para dizer que tinha gostado do gráfico sobre as dietas. Aproveitei a oportunidade para perguntar por que aquele gráfico, em meio aos outros quarenta que eu tinha mostrado naquela manhã, era tão interessante, e ela respondeu que, apesar de ser um gráfico bastante óbvio, era reconfortante ver que os padrões de dietas pelos quais ela mesma tinha passado, isto é, a sua própria síndrome da falsa esperança, não eram apenas dela, mas compartilhados por uma larga porção de amostras por mim monitoradas.

Outra fonte de opiniões, reações e comentários é o meu blog (www.ilovedata.com), no qual minha equipe de analistas publica nossos dados e análises favoritos. Um leitor astuto observou uma variação interessante nas buscas por dietas e regimes no final de 2005.

* O Dia de Ação de Graças (em inglês, *Thanksgiving Day*) é um feriado comemorado nos Estados Unidos e no Canadá na quarta quinta-feira de novembro e observado como um dia de gratidão pelos bons acontecimentos ocorridos no ano. É uma celebração familiar, com ceias fartas e preces. (N. T.)

No gráfico que meu leitor enviou, representando visitas a sites de dietas, verifica-se que entre setembro e novembro de 2005 houve um aumento nas visitas a esse tipo de site, o que não tinha ocorrido em 2004. Examinando as mudanças nas buscas por dietas relacionadas a esse pico extemporâneo, começamos as investigar as razões para o aumento. Começando com os principais sites de nossa categoria "bem-estar" (que agrupa todas as páginas de dietas), constatamos que alguns sites que apareciam entre os dez mais visitados não constavam ali no ano anterior.

Expandindo o foco para além das visitas a websites, e analisando os termos de busca responsáveis pelo envio de tráfego aos sites de bem-estar, pudemos ver vários termos novos, tais como "Jillian Michaels", "Biggest Loser" e "Biggest Loser Club", obviamente em referência ao reality show televisivo *The biggest loser*,** sucesso da rede NBC, em que competidores obesos disputam um prêmio em dinheiro com base na quantidade de peso que perdem ao longo da série. O programa estava confirmando uma relação paradoxal entre a televisão (que por muito tempo sofreu a pecha de ser a culpada por nossa derrota na batalha contra a obesidade) e nosso interesse pela boa forma física. Ironicamente, na semana do Dia de Ação de Graças, os espectadores assistindo ao episódio final da temporada de *The biggest loser* foram instigados a se levantar do sofá e ir até o computador para descobrir mais informações sobre como entrar em forma.

Nos últimos anos assistimos a uma disputa entre a internet e a televisão por nossa atenção. Um relatório sobre consumidores de mídias digitais divulgado pela IBM concluiu que "entre os consumidores entrevistados, 19% afirmaram passar seis horas ou mais por dia usando a internet *versus* 9% que alegaram passar os mesmos

* No Brasil, o canal SBT exibiu uma versão do programa chamada *O grande perdedor*. (N. T.)

níveis de tempo diante da tevê; 60% afirmaram assistir entre uma e quatro horas diárias de tevê, contra 60% que dedicam os mesmos níveis de tempo ao uso pessoal da internet".[11] Juntamente com a ascensão do uso da internet, os dados on-line mostram que cada vez mais a programação televisiva está nos impelindo a usar o computador a fim de descobrir mais sobre os programas a que acabamos de assistir. A passagem da tela de tevê para o laptop pode ser bastante direta, como no caso de concursos on-line e sua contraparte televisiva, ou bastante sutil, como no caso da colocação de um produto.

Com a rápida adoção dos gravadores de vídeo digitais (*digital video recorders*, ou DVRS), que permitem aos espectadores acelerar os blocos de comerciais mesmo quando estão assistindo a uma transmissão ao vivo, os programadores e publicitários buscaram maneiras de inserir anúncios dentro dos próprios programas, de modo a preservar a capacidade de fazer publicidade para sua audiência sentada no sofá. De acordo com pesquisa de Sanford Bernstein, o uso difundido dos DVRS acarretará até 2009 perdas de mais de 18 bilhões de dólares.[12] A prática da colocação de produtos, ou da inserção de produtos e serviços nos programas de tevê mediante o pagamento de uma taxa, é uma solução publicitária para fazer frente aos adeptos da prática de pular os comerciais.

Inserir comerciais dentro do próprio programa não é um conceito novo. Uma das primeiras e mais bem-sucedidas colocações de produtos aconteceu no campeão de bilheteria *E. T., o extraterrestre*. Steven Spielberg propôs à fabricante de chocolates Mars a ideia de mostrar os confeitos M&M's como o doce favorito do alienígena. Uma vez que a Mars recusou a oferta, Spielberg conversou com a Hershey Company, que decidiu usar não o carro-chefe da empresa, os Kisses, mas o menos conhecido Reese's Pieces. Duas semanas após a estreia do filme, as vendas do chocolate já tinham dado um salto de 65%.

O "defeito no figurino" de Janet Jackson no show de intervalo da final do Super Bowl de 2003 causou um dos maiores aumentos já registrados no número de visitas ao website oficial de um artista. A propósito, a marca com o maior volume de buscas por ocasião do Super Bowl de 2006 foi "Candice Michelle". Você não sabe direito quem é Candice Michelle? Ela estreou o spot publicitário "defeito no figurino" da empresa de registro de domínios da internet Go Daddy, batendo de lavada marcas como Pepsi, Budweiser, FedEx e outros anunciantes do SuperBowl.*

No caso de *The biggest loser*, a NBC conseguiu afetar um dos mais firmes padrões de comportamento on-line com a mensagem de que comprometimento, alimentação adequada e uma intensa rotina de exercícios são as chaves para a perda de peso duradoura. Os termos de busca de cada ano revelam uma mistura entre dietas da última moda e programas de perda de peso mais tradicionais.

A indústria de dietas é um negócio de 40 bilhões de dólares, uma combinação de programas de regimes, clínicas de emagrecimento, livros e outros materiais de auto-ajuda. Uma boa porção dos lucros dessa indústria é gerada durante os primeiros dias do ano, quando nos comprometemos com algum tipo de mudança pessoal, conforme demonstrado na tabela a seguir.

A comparação com os termos do ano anterior mostra um influxo padrão típico com relação às buscas por dietas, tendência que reaparece a cada ano-novo. Mas em 2006 houve uma mudança perceptível, com termos mais concentrados em boa forma física, nutrição e o novo programa de sucesso da rede NBC.

* Candice Michelle é atriz, modelo e lutadora profissional de luta-livre. Ganhou notoriedade ao aparecer no comercial da Go Daddy, levado ao ar durante a final do Super Bowl XXXIX, numa paródia ao episódio em que Janet Jackson expôs o seio. A partir de então estrelou vários outros comerciais da marca e ficou conhecida como "Miss Go Daddy.com" e "Go Daddy Girl". (N. T.)

Nosso comportamento na internet revela em profundidade nossas aspirações. Queremos perder peso, ficar mais magros. Queremos ser saudáveis. De todas as buscas mais populares da internet contendo a expressão "como" (o que é discutido em detalhes no capítulo 6), os termos "como perder peso", "como ganhar peso" e "como perder peso rapidamente" aparecem entre os principais.

Nossas buscas também revelam que estamos em busca de soluções instantâneas, um remédio mágico que simplesmente ajude a derreter o excesso de peso em nosso corpo. Das dez principais buscas contendo "pílulas" ou "comprimidos", seis são referentes a comprimidos de dieta ou perda de peso, incluindo buscas por "comprimidos de dieta Alli" e "comprimidos de dieta Phentermine", superando pesquisas por "pílulas de controle da natalidade", "comprimidos para dor" e "pílulas soníferas".

Vinte principais termos de busca na categoria "bem-estar" (semana terminando em 21 de janeiro de 2006)

Termo de busca	Distribuição porcentual
Weightwatchers [Vigilantes do Peso]	1,56%
dieta de South Beach*	0,80%
GNC*	0,70%
24 Hour Fitness [boa forma em 24 horas, rede de academias]	0,53%

* A dieta de South Beach foi desenvolvida pelo cardiologista Arthur Agatston. Seu plano alimentar não é nem de poucos carboidratos nem de poucas gorduras. Em vez disso, Agatston se concentra em ensinar como comer os carboidratos e as gorduras certos para ajudar a emagrecer e a reverter os problemas de saúde associados ao sobrepeso. (N. T.)

* General Nutrition Centers, conhecida popularmente como GNC, fabricante e rede de lojas de mais de seis mil lojas especializada em vitaminas, ervas, suplementos alimentares e esportivos dos Estados Unidos. (N. T.)

Nutrysistem*	0,48%
contador de calorias	0,43%
Curves [curvas]*	0,37%
Jenny Craig*	0,36%
dietas	0,35%
The biggest loser	0,34%
perda de peso	0,34%
biggest loser	0,32%
hydroxycut [suplemento dietético]	0,29%
bally total fitness	0,26%
vigilantesdopeso.com*	0,25%
dieta Atkins*	0,23%
Golds Gym [rede de academias]	0,23%
La Fitness [rede de academias]	0,22%
www.lightnfit.com*	0,22%
índice glicêmico	0,21%

Fonte: Hitwise.

Se tomarmos em conjunto todos esses dados, fica evidente que somos uma sociedade cada vez mais obcecada em encontrar gratificação instantânea. A natureza efêmera de nossos interesses em mudar para melhor reflete nossa limitada amplitude de interesses e um forte desejo pela mudança imediata. Com a melhoria da produtividade, a internet alimentou nossa capacidade de ter as coisas no instante em que as queremos: as últimas notícias e informações financeiras, bem como a comunicação com amigos, familiares e

---

* O Nutrisystem é um programa de emagrecimento que oferecia refeições semiprontas e orientação nutricional. (N. T.)

* Curves é um programa comercial de emagrecimento, elaborado sobretudo para mulheres, que inclui programa nutricional, treinamento físico e dieta de suplementos. (N. T.)

* O programa Jenny Craig, criado há mais de 15 anos por uma mulher que tinha problemas com o próprio peso, hoje tem quase 800 centros, e é um dos maiores programas de controle de peso do mundo. (N. T.)

* A Light n' Fit é uma linha de iogurtes de baixo teor de gordura da Dannon USA, unidade da multinacional francesa Danone. (N. T.)

colegas por celular, Blackberry, ou atualização do Twitter ou Facebook. Num ambiente em que tudo está tão prontamente disponível, passar muito tempo concentrado num objetivo específico parece algo fora de sincronia com o ritmo da nossa vida.

Além da primeira semana do ano, há outras situações que disparam o desejo de mudar. Eventos trágicos, como a morte de uma celebridade por causa de uma doença relacionada a algum vício também pode nos fazer pensar em mudanças. Infelizmente, assim como no caso das promessas de Ano-Novo, esse tipo de mudança também tem vida curta.

***

Dietas e boa forma física são exemplos das principais buscas para as promessas de Ano-Novo. Em segundo lugar, e um pouco mais difícil de quantificar, fica a decisão de parar de fumar. Examinando todos os termos de busca incluindo a palavra "parar" durante as quatro primeiras semanas do ano, criamos uma lista inicial de outras promessas. Buscas por "parar de suar" e "parar de roncar" (as duas únicas outras buscas do tipo "promessas" entre as dez mais) foram sobrepujadas por buscas relativas a auxílio para "parar de fumar", especificamente por meios farmacêuticos: "remédio para parar de fumar", "injeção para parar de fumar" e "comprimido para parar de fumar".

A atividade de buscas no Ano-Novo em torno do desejo de parar de fumar demonstra a irracionalidade das promessas. Uma das principais razões para que a pessoa queira deixar de fumar é evitar as consequências que o hábito acarreta para a saúde, particularmente o câncer de pulmão. Contudo, em termos de comportamento de busca há pouca ou nenhuma relação entre parar de fumar e as buscas ligadas ao câncer de pulmão. Quem examinar as buscas por "parar de fumar" vai concluir que, assim como todas as boas promessas, as buscas permanecem relativamente constantes ao longo do ano, mas geralmente apresentam pico no Ano-Novo. Embora não tenha havido pico de Ano-Novo em 2006, verificou-se interesse significativo da intenção de parar de fumar em abril de 2006, ocasião em que o FDA* aprovou um novo medicamento da Pfizer para ajudar um entre cada cinco fumantes desejosos de abandonar o hábito.

Ainda que as buscas por "parar de fumar" geralmente aumentem em janeiro, o mesmo não acontece com "câncer de pulmão". Como verificamos no caso de muitas outras doenças sérias, celebridades diagnosticadas com uma doença podem suscitar um aumento dramático de buscas a respeito desse tópico. Em agosto de 2005, o mundo ficou estarrecido com o falecimento do âncora do telejornal ABC News, Petter Jennings, aos 67 anos de idade. Jennings havia recebido o diagnóstico de câncer em abril daquele ano. Apenas cinco meses depois, após um agressivo tratamento quimioterápico, ele sucumbiu à doença. Naquela semana, as buscas referentes ao tema "câncer de pulmão" sofreram um dramático aumento, incluindo termos como "câncer de pulmão sintomas", "sintomas de câncer de pulmão" e "câncer de pulmão Dana Reeve".

Dana Reeve, viúva do ator Christopher Reeve, revelou que sofria da doença apenas dois dias depois da morte de Jennings. Sete meses depois ela também faleceu. Durante aquela semana de março de 2006, as buscas relativas a câncer de pulmão atingiram o ponto mais alto em três anos, triplicando seu volume semanal normal.

O ponto interessante, contudo, é que com as mortes de Jennings e Reeve aumentou nossa consciência acerca do câncer de pulmão, mas não nosso interesse em parar de fumar, cortando o hábito, que é a principal causa da doença. As buscas se mantiveram impressionantemente inalteradas.

---

* O FDA (Food and Drug Administration) é o órgão do governo dos Estados Unidos encarregado de controlar, testar e aprovar a comercialização de alimentos, suplementos alimentares, medicamentos (humano e animal), cosméticos, equipamentos médicos, materiais biológicos e produtos derivados do sangue humano. (N. T.)

Será que o fato de Dana Reeve ter desenvolvido a doença sem nunca ter tido um histórico de fumante causou uma sensação de futilidade, resultando no fim do pico de buscas relativas a parar de fumar em março de 2006? Ou, talvez, a falta de conexão entre as buscas por "câncer de pulmão" e "parar de fumar" demonstre ainda mais explicitamente os princípios da síndrome da falsa esperança. Em janeiro sentimos uma sensação de controle em nossa decisão de mudar, e o desejo de parar de fumar em janeiro pode ser impulsionado mais por esse sentimento de poder do que por preocupações ligados ao câncer de pulmão.

Volume de buscas por "parar de fumar" e "câncer de pulmão"

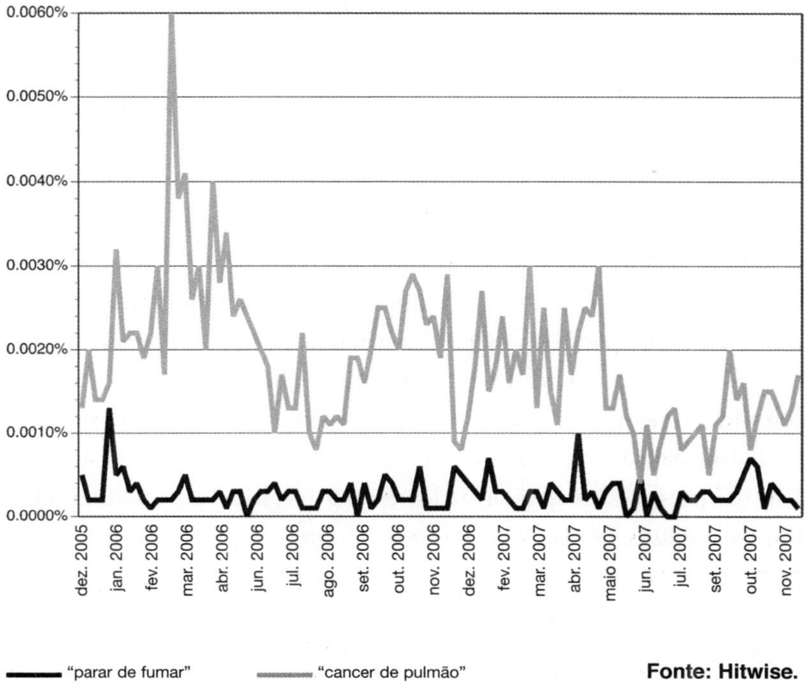

Fonte: Hitwise.

***

Fazer dieta, iniciar um regime, parar de fumar, praticar exercícios e ser uma pessoa mais organizada são tradicionais promessas de Ano-Novo. Mas quando examinamos os volumes de dados dos termos de busca, certos padrões apontaram para a existência de outras promessas menos tradicionais. Como a decisão de engravidar.

Você ficou surpreso com a menção da gravidez como uma promessa de Ano-Novo? Não é algo que você pensaria em incluir em sua própria lista?

Se representarmos graficamente "gravidez" com "vestidos de casamento", "boa forma física" e "dieta/regime", constataremos que o aumento de buscas por todos esses itens se dá na primeira semana de janeiro. Enquanto "vestidos de casamento" cai imediatamente depois, as pesquisas por "gravidez" continuam a subir ao longo das primeiras semanas do ano.

Além das interpretações óbvias de um casamento forçado, ou de um pedido de casamento extremamente bem-sucedido durante as festas de fim de ano, há duas teorias para explicar essa justaposição de termos. Pode ser um sinal de que as futuras mamães estão tomando uma decisão pensando na saúde do filhinho que ainda não nasceu. Alguns dos principais sites de bebês otimizam conteúdo no início do ano exatamente para esse propósito, encorajando seus leitores a parar de fumar e beber e a entrar em forma para o bem dos futuros recém-nascidos. A segunda teoria é de que a gravidez em si é a própria promessa. Examinando os termos de busca que enviam tráfego para os websites de gravidez mais visitados e a demografia desses sites, podemos encontrar evidências da segunda teoria pela presença de termos como "ficar grávida" no topo da lista no início do Ano-Novo.

O mais popular dos sites visitados a partir do termo "gravidez" é o endereço pregnancy.org, que oferece recursos para as mães grávidas ou mulheres pensando em engravidar. Examinando a composição demográfica dos visitantes do site, encontramos um fenômeno bastante interessante. A composição dos visitantes agrupados por idade, gênero e nível de renda varia ao longo do ano. Nos primeiros estudos acerca da demografia de tráfego, não era incomum que um site encomendasse um estudo e depois usasse por vários anos as estatísticas. Hoje, entretanto, na era da inteligência competitiva on-line, descobrimos que a demografia de um site pode mudar drasticamente num curto período de tempo, muitas vezes em poucas semanas. E é exatamente o que ocorreu com as visitas ao pregnancy.org.

Volume de buscas por "gravidez" e "boa forma física", "vestidos de casamento" e "dieta/regime"

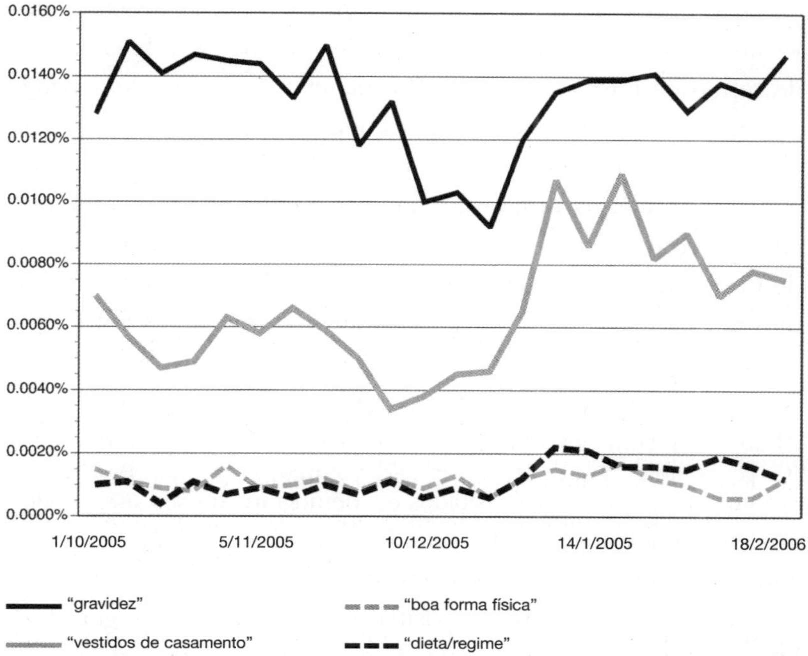

Fonte: Hitwise.

A hipótese por trás do conceito de gravidez como uma promessa de Ano-Novo é relativamente simples. Nas décadas recentes, a idade média da primeira gravidez aumentou de maneira firme e constante. Este crescimento poderia estar associado à elevação das fontes de renda familiar duplas, e a aceitação de que os futuros pais estão concentrados em sua carreira e por isso adiam a decisão de iniciar uma nova família ou de se casar até atingir suas aspirações financeiras. Se os padrões de comportamento mudaram da expectativa de que um casal deveria começar a procriar imediatamente depois do casamento para a necessidade de postergar a nova família até atingir a segurança financeira, não é forçado considerar que alguns casais podem encarar o início do ano como oportunidade para estabelecer como novo objetivo a formação de uma família.

Para testar essa hipótese, examinei a variação de idade dos visitantes dos sites que recebem o maior volume de tráfego a partir do termo de busca "gravidez": Pregnancy.org e o site de gravidez About.com (www.pregnancy.about.com). Comparando os meses de outono com a primeira semana do ano, vi que a diversidade demográfica de usuários variava de maneira significativa. Por exemplo, em setembro, a porcentagem de pessoas entre 25 e 34 anos visitando Pregnancy.org chegou a 39,4%. Na primeira semana de 2007, o mesmo site recebeu 48,4% de seu tráfego de visitantes entre 25 e 34 anos, sendo que o fluxo de visitas de pessoas entre 18 e 24 anos caiu de 37% para 23%. O mesmo fenômeno ocorreu com o site About.com, com as visitas de pessoas entre 35 e 44 anos aumentando de 12,7% no outono para 17,6% na primeira semana do ano.

Como já foi mencionado, enquanto estudávamos o padrão de buscas por gravidez em janeiro, notamos que "vestidos de casamento" eram outro fenômeno deste mês, o que parecia estranho. Se prestássemos atenção à mídia (como fizemos na alteração dos padrões de dieta pelo programa *The biggest loser* da NBC), nossa expectativa seria de que a pesada cobertura dos desfiles de vestidos de casamento em março levaria a um pico de buscas nesse mesmo período por vestidos de casamento. Mas, como vimos no capítulo anterior, isso provou não ser o caso. Em retrospecto, agora que entendo o comportamento condicionado pela mídia, as buscas por "vestidos de baile de formatura" ou "vestidos de casamento" em janeiro faz total sentido. Nosso comportamento de navegação na internet pode, à primeira vista, parecer aleatório e desconexo, mas um exame mais atento revela padrões simples e sutis de como pensamos e agimos.

No caso das promessas de Ano-Novo, assim como em outras áreas em que procuramos nos aprimorar, o condicionamento rápido e imediatista que a conectividade da internet nos propiciou também nos deixou com um intervalo de atenção bastante limitado. Em outras palavras, quero o que quero e quero agora. Os dias de trabalhar por alguma coisa chegaram ao fim. Hoje, um objetivo de longo prazo não é medido em meses ou anos, mas numa questão de dias. De quatro a cinco, para ser mais exato.

Se nos últimos anos nosso ciclo de atenção encurtou no que diz respeito ao autoaperfeiçoamento e ao desenvolvimento pessoal, nosso fascínio pela vida das celebridades aumentou significativamente. O fluxo de informação sobre a vida diária dos ricos e famosos causou aumento no grau de atenção dedicado a nossos astros e estrelas favoritos. Como veremos no próximo capítulo, nosso comportamento na internet pode nos dizer a extensão com que alguns de nós escolhemos adorar na igreja das celebridades.

Capítulo 5

A síndrome da adoração de celebridades

Peguemos qualquer notícia importante do dia — da Guerra no Iraque a desastres naturais como tsunamis e terremotos; de turbulências financeiras, como a escalada do preço dos combustíveis, à derrocada do mercado imobiliário e à crise das hipotecas. Todas as manchetes perdem importância quando são comparadas a um tópico específico do interesse on-line: o culto da personalidade das celebridades. Enchentes, fome e pobreza não são páreos para a obsessão com a morte de Anna Nicole, a prisão de Paris Hilton ou mesmo a notícia de que a participante do show de calouros *American idol*, Antonella Barba, pode ter concordado em posar para fotografias picantes. No início da minha carreira de pesquisador da internet ocupei diferentes cargos em empresas de mecanismos de busca e sempre fiquei espantado com o poder das celebridades demonstrado nas buscas que os usuários realizavam. E comecei a perceber nessas buscas alguns padrões, isto é, certos tipos de notícias sobre celebridades superavam todas as outras. Será que esses picos de buscas podem revelar por que as celebridades tornaram-se tão importantes em nossa cultura?

Minha curiosidade acerca do fascínio por celebridades continuou quando assumi o posto de gerente-geral de pesquisa global da Hitwise. De fato, uma das 162 categorias sobre as quais capturamos dados atende pelo nome de "entretenimento-personalidades", e contém mais de 800 sites relacionados a celebridades. Combinados, esses sites perfizeram uma porcentagem relativamente pequena do total de visitas à internet durante a maior parte dos anos de 2005 e 2006 — cerca de 0,1%. Mas em novembro de 2006 alguma coisa mudou.

No final de 2006, o gráfico de visitas a sites de celebridades mostrou claramente um ponto de inflexão. Em parte impulsionadas pelo crescimento de blogs de celebridades como PerezHilton.com e TMZ.com, bem como pela quantidade de atenção dedicada a notícias sobre a morte de Anna Nicole Smith em fevereiro de 2007, as visitas a websites de celebridades e sites devotados a notícias sobre gente famosa mais que dobrou em outubro de 2007, e isso apenas onze meses depois, quando o mesmo conjunto de sites era responsável por míseros 0,24% de todas as visitas à internet. Colocando as coisas em perspectiva: nos Estados Unidos, os websites de celebridades recebem mais atenção on-line do que páginas dedicadas a temas como religião, política e bem-estar (que inclui os sites sobre dietas/regimes), para mencionar apenas alguns.

Sempre me perguntei por que, enquanto sociedade, somos tão fascinados pelas celebridades. Ainda me lembro de examinar bases de dados dos tópicos mais procurados nos Estados Unidos no final de 2003. Apesar de tudo que estava acontecendo no mundo à época, Paris Hilton (por coincidência, no exato momento em que estreava o programa de tevê que ela protagonizava com Nicole Richie, o reality show *The simple life*),* tornou-se o tema mais

* No Brasil, a Rede Record exibiu uma versão do *Simple life* chamada *Mudando de vida*, protagonizada pelas socialites Karina Bacchi e Ticiane Pinheiro. (N. T.)

procurado. Não apenas no quesito celebridades, mas o mais procurado em geral. Há muitas razões pelas quais buscamos fatos sobre celebridades, mas se você estiver procurando o estrelato instantâneo na internet, se quiser dominar as buscas de todas as principais máquinas de busca, o caminho mais rápido é uma fita de sexo escandalosa envolvendo uma celebridade. De fato, hoje, quatro anos após o vazamento na internet de sua filmagem, Paris ainda recebe 7,4% de todas as buscas com o termo "fita de sexo". A expressão mais procurada com a expressão "Paris Hilton" é "fita de sexo de Paris Hilton".

Fatia de mercado de visitas à categoria "entretenimento-personalidades"

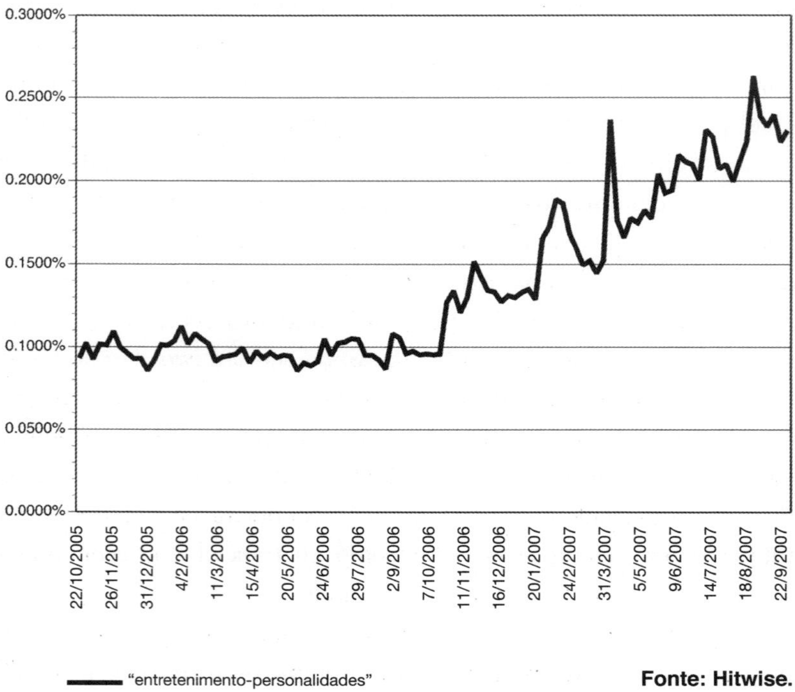

Fonte: Hitwise.

Mesmo que a busca por fotos e vídeos comprometedores de celebridades esteja crescendo em popularidade (e ao que tudo indica, com base nesses dados, trata-se de um esporte predominantemente masculino), o fascínio pelas celebridades é muito mais onipresente, rompendo barreiras socioeconômicas, de gênero sexual e idade. Quando comecei a trabalhar na Hitwise, conheci por acaso Jim Houran, psicólogo que à época ostentava o intrigante cargo de chefe de psicologia do site de namoro e relacionamentos True Beginnings [Começos verdadeiros], que mais tarde passou a se chamar apenas True. Muitos anos depois, pesquisando o tópico do fascínio por celebridades, topei com o nome de Jim Houran. Ainda em 2002, juntamente com seus colegas pesquisadores McCutchecon e Lange, Jim Houran havia desenvolvido uma escala do fascínio que sentimos pelas figuras públicas. Eles a batizaram de "Escala de Adoração de Celebridades".

Ao escrever uma reportagem sobre a pesquisa, um jornalista britânico empreendedor cunhou sua própria expressão para o fenômeno — "síndrome da adoração de celebridades". Jim Houran não hesita em observar que seus colegas não estavam acrescentando nada de novo à coleção de novas síndromes, mas que, por meio de sua pesquisa, haviam identificado uma escala que media o grau de obsessão das pessoas com relação às celebridades. Ao longo dos anos, a pesquisa de Jim mapeou mais de 20 mil entrevistas, e concluiu que os entrevistados se identificavam com pelo menos um de três estágios de adoração às celebridades. O primeiro estágio ele chama de "entretenimento/social", um interesse saudável por figuras públicas, que é uma forma de escapismo aliado também a um componente social, em que nosso interesse por celebridades serve como cola social, fornecendo-nos assuntos para discutir na hora do cafezinho.

Houran identificou uma segunda etapa, em que o interesse pela celebridade se intensifica. Essa etapa — o "estágio pessoal"

— é o ponto em que começamos a ver componentes de vício na adoração às celebridades, quando os indivíduos se identificam com afirmações do tipo: "Acho que minha celebridade é minha alma gêmea" e "Penso em minha celebridade até mesmo sem querer". No estágio pessoal, os indivíduos começam a mostrar sinais de afastamento e exclusão da sociedade, e só encontram satisfação em histórias sobre suas celebridades favoritas, e não mais na interação com as pessoas a sua volta.

O último estágio — "à beira do patológico" — é aquele em que o interesse pela celebridade torna-se uma obsessão. Os entrevistados nessa categoria endossam declarações do tipo: "Se minha celebridade me pedisse para fazer alguma coisa ilegal, eu faria". É nesse estágio que encontramos os fãs perseguidores que aparecem nos noticiários.

Embora existam poucos dados históricos sobre o fenômeno, ou talvez mesmo nenhum, e a Escala de Adoração de Celebridades só tenha sido criada em 2002, Houran acredita que o culto às pessoas famosas não é um fenômeno novo. Até onde podemos nos lembrar, os modelos de comportamento e exemplos a serem seguidos desempenharam um papel importante em nossa sociedade. A internet, contudo, passou a funcionar como um catalisador do nosso vício. Na era pré-internet, satisfazíamos com jornais e revistas a nossa sede de informações a respeito de celebridades. Hoje, a quantidade de informações disponíveis é estarrecedora. Quem estiver precisando de uma "dose de estrelas" pode encontrar quantidades praticamente infinitas de notícias e fatos visitando ou o website oficial da celebridade em questão ou a versão on-line de revistas de fofoca, ou os incontáveis blogs de entretenimento, e até mesmo, em alguns casos, blogs sobre indivíduos específicos.

Mas por que as celebridades exercem tanto fascínio sobre nós? Olhando em retrospecto, vemos que nos últimos anos ocorreram certos eventos que causaram picos surpreendentes de buscas por celebridades. São eles, em ordem de importância (medida por volume de buscas): o vazamento de fitas de sexo, a morte de certas celebridades (na morte, nem todas as celebridades são iguais), pessoas famosas metidas em encrenca (presas ou condenadas pela Justiça), e várias notícias ligadas especialmente a casos e relacionamentos amorosos e crianças recém-nascidas.

As buscas por fitas de sexo são claramente diferentes das demais, uma vez que, rastreando a maneira como os usuários da internet pesquisam o termo "fitas de sexo", e mapeando seus destinos finais, constatamos que o interesse dessas buscas é encontrar os vídeos picantes propriamente ditos; além disso, trata-se de pesquisas predominantemente masculinas. Ainda assim, ao que parece, nossos interesses lascivos são instigados pelas travessuras e estripulias protagonizadas por celebridades de maneira muito mais intensa do que ocorre com qualquer outro tipo de conteúdo pornográfico.

Há certas mortes de celebridades que suscitam picos monumentais de volume de buscas, sendo que a mais recente de todas é da ex-coelhinha da *Playboy*, e posteriormente estrela de tevê, Anna Nicole Smith. Na semana da morte de Anna Nicole — terminando em 10 de fevereiro de 2007 —, ela tornou-se o quinto termo de busca mais popular de todas as pesquisas feitas na internet nos EUA, atingindo o ponto mais alto para qualquer indivíduo específico alvo de buscas nos três anos anteriores. Durante aquela semana, o principal destino de buscas para Anna Nicole foi seu website oficial, www.annanicole.com. Analisando a demografia e a psicografia de visitantes do site naquela semana, podemos ter uma percepção do tipo de pessoa mais fascinada pelo falecimento da atriz.

Nascida Vickie Lynn Hogan, em 1967, Anna Nicole teve origem humilde e abandonou o ensino médio ainda no segundo ano, quando vivia em Mexia, no Texas. A vida de Anna Nicole mais parece um roteiro de filme do que uma biografia hollywoodiana. De modelo da revista *Playboy* à Coelhinha do Ano. Depois, um segundo casamento, aos 26 anos de idade, com o bilionário do petróleo J. Howard Marshall II, de 89 anos. Com a morte de Marshall, menos de um ano depois, seguiu-se uma ferrenha batalha legal entre Anna Nicole e o filho do magnata pela herança de 1,6 bilhão de dólares. Com a morte repentina e suspeita de um dos filhos de Anna (aos 20 anos, após ingerir doses letais de metadona e antidepressivos), poucos meses antes da morte da própria modelo (que faleceu aos 39 anos, em decorrência de uma overdose acidental de drogas), não chega a surpreender que a morte dela tenha atraído tanta curiosidade. Mas será que alguém seria capaz de prever tanto interesse? Examinando os termos de busca contendo "Anna Nicole Smith" durante aquela semana de 10 de fevereiro, podemos ver indícios de incredulidade, tais como pesquisas que perguntavam "Anna Nicole está mesmo morta?", e uma certa fascinação mórbida de usuários esperançosos de encontrar "fotos de Anna Nicole morta" e "fotos da autópsia de Anna Nicole".

Uma teoria por trás da adoração às celebridades, e possível explicação para a morte de Anna Nicole, é que alguns famosos recebem mais atenção quando a sociedade encontra uma maneira de se identificar com eles. Conforme escreve Margaret Gibson em seu editorial em *Mortality*, periódico profissional especializado em questões acerca da morte: "Em sociedades com alto grau de urbanização e população de massa, a maior parte das mortes é de pessoas estranhas, e passa despercebida para os cidadãos comuns. Muitas pessoas talvez sintam que conhecem melhor as figuras que veem na televisão do que o vizinho ou um membro da família".[13]

De fato, antes de morrer, Anna Nicole Smith era a estrela de seu próprio reality show, *The Anna Nicole show*, programa em que os espectadores tinham uma visão geral da sua vida bizarra e disfuncional. Talvez essa conexão, aliada ao caráter de rica-da-noite-para-o-dia da história de vida de Anna Nicole, tenha sido em parte responsável pelo megaestrelato póstumo que ela alcançou. Se isso é verdade, uma pista pode ser encontrada na característica dos visitantes do site oficial de Anna Nicole na semana de sua morte em meados de 2007, uma vez que eles, provavelmente, seriam as pessoas mais propensas a se identificar com ela.

Durante a semana da morte da atriz, o website registrou aumento de mais de 8.000% no número de visitantes. De acordo com a demografia básica, durante aquela semana os visitantes do site foram predominantemente do sexo feminino (62%), com menos de 44 anos (79%), dos quais o maior grupo etário variou entre 35 e 44 anos (29%), em famílias ganhando abaixo de 60 mil dólares por ano (62%). Os perfis psicográficos revelam que os visitantes mais prováveis do site eram os usuários da internet com problemas financeiros do segmento Claritas PRIZM, conhecido como "solteiros batalhadores", composto de solteiros de vinte e poucos anos com baixa renda, com empregos de meio período e que frequentam faculdade". Em termos de orientação geográfica, os visitantes do site pertenciam ao grupo rural menos afluente conhecido como "vida rústica", cujos residentes têm "renda modesta, baixos níveis de escolaridade, casas velhas e empregos no setor de produção". Os dados sobre os visitantes parecem corroborar a teoria de que as pessoas mais inclinadas a se identificar com as origens de Anna Nicole eram aquelas propensas a sentir a conexão e buscar uma sensação de perfeição na web.

Ou, talvez, simplesmente, a natureza da morte prematura de Anna Nicole tenha sido o chamariz para as buscas e visitas ao site.

É notório que a morte de celebridades instiga o fascínio pelo macabro. Poucos dias após a morte do especialista em animais selvagens e apresentador de tevê Steve Irwin (o "Caçador de crocodilos"), em decorrência de ferimentos fatais causados por um ferrão de arraia em setembro de 2006, as buscas por seu nome e seu apelido aumentaram vertiginosamente. Mas, assim como no caso das pesquisas por fotos da autópsia de Anna Nicole Smith, nem todas as buscas tinham como objetivo lembrar a vida de Steve Irwin. A despeito do fato de que o único videoteipe de sua morte, filmado por sua equipe, tenha sido entregue à sua viúva, até hoje persistem as buscas por "vídeo da morte de Steve Irwin".

Kofi Dwinfour, gerente de marketing sênior da rede de tevê A&E Television Networks, encontrou uma maneira de alavancar nosso fascínio pelo macabro. Neste mundo de novas mídias, em que os meios de comunicação tradicionais estão perdendo espectadores e leitores para a internet, ele recebeu a incumbência de encontrar sinergias entre o canal de tevê a cabo e a presença da empresa na web. Após uma sessão usando nossos dados para a aquisição de clientes, Kofi e eu estávamos conversando sobre as buscas ao vídeo de Steve Irwin. Em seu canal a cabo, a rede A&E exibe diversos programas, incluindo vários que contêm segmentos repulsivos demais para ir ao ar. No passado, esses segmentos acabavam cortados na sala de edição. Mas, em razão de sua nova percepção sobre a insaciabilidade de nosso interesse por conteúdos medonhos, Kofi teve uma ideia.

A rede está exibindo um novo programa, *Gene Simmons: family jewels* [Gene Simmons: as joias da família], reality show que seguia de perto o dia-a-dia do baixista da banda de heavy metal Kiss. Na segunda temporada da série, Gene e sua companheira de longa data, a ex-coelhinha da *Playboy*, Shannon Tweed, são submetidos a uma cirurgia facial conjunta. A rede já tinha decidido que parte das filmagens da operação plástica era explícita demais para ser levada ao ar na televisão. Ligando os pontos, Kofi teve a ideia de avisar aos telespectadores interessados em assistir ao conteúdo completo e não-editado da cirurgia que o material seria colocado no website da A&E. Depois que o programa foi ao ar, os espectadores correram aos montes para o site. Kofi, alavancando nossa compreensão do que impele o interesse dos consumidores, criou uma sinergia ideal entre televisão e conteúdo on-line.

Outro aspecto fascinante de nossa obsessão por celebridades é a diferença entre os websites do gênero visitados por homens em comparação aos visitados por mulheres. Quando examinamos os sites de celebridades que têm a maior proporção de visitantes do sexo masculino, encontramos endereços como Egotastic.com e Propeller.com.

Visitando o website Egotastic! é possível ver claramente uma diferença em comparação com os websites de celebridades em geral. Egostatic! parece ser especializado em fotografias provocantes de mulheres famosas. Para confirmar minhas suspeitas, ao examinarmos os termos de busca que os usuários da internet estão empregando para chegar ao site, a maior parte das pesquisas é por vídeos e fotos picantes. O fascínio masculino por imagens de mulheres é um fenômeno que se repete nos dados. Minha primeira descoberta na área está relacionada a fotografias, diferenças entre gêneros e sites de namoro/relacionamento. À época, início de 2005, criamos uma matriz dos dez principais sites de namoro on-line, e anotamos para cada um o tempo gasto no processo de registro, o valor pago para a associação e a manutenção da assinatura, a duração de todos os questionários necessários, e, por fim, se o site permitia ou não que os usuários vissem fotografias gratuitas de potenciais namorados/namoradas (em oposição à exigência de associação antes da permissão de ver fotografias dos perfis).

Descobrimos que quanto mais caro e mais demorado o processo de registro e preenchimento de questionários, mais o site tendia a atrair visitantes do sexo feminino. O fator determinante para possuir maior número de visitantes homens era a disponibilidade de acesso às fotografias antes que o usuário se tornasse membro do site.

Se examinarmos os websites de celebridades com a maior porcentagem de visitantes do sexo feminino, a lista mostra uma clara tendência para os blogs de fofocas, sites como JustJared.buzznet.com, Bossip.com e, obviamente, PerezHilton.com. Mas o que é realmente impressionante com relação às buscas por queridinhos e galãs como George Clooney e Matthew McConaughey é que as buscas não são por vídeos e fotografias da estrelas, mas por questões a respeito de sua vida pessoal, especificamente se estão namorando alguém ou se são casados. Por exemplo: as buscas contendo "George Clooney" nas quatro semanas terminando em 12 de janeiro incluíam termos como "namorada de George Clooney", "George Clooney é casado?" e "George Clooney sozinho no tapete vermelho" (esta última em referência à aparição pública do ator sem Sarah Larson, sua namorada à época). Essas buscas indicam apenas um fascínio pela vida privada dos astros ou algo mais?

Com relação às equivalentes femininas — estrelas como Jennifer Aniston, Angelina Jolie e Jessica Biel —, constatamos que, ao contrário do que ocorre com os sites dos famosos do sexo masculino, predominam as buscas por imagens, e nas pesquisas contendo o nome dessas estrelas não há uma única menção ao estado civil ou à existência ou não de namorados.

No segundo estágio da escala de adoração da celebridade, Houran detalhou como os adoradores de pessoas famosas começam a exibir uma identificação irrealista com a celebridade escolhida. Se as mulheres estão fantasiando sobre seu astro favorito, e a palavra-chave é "fantasiar", será que importa realmente se ele é casado ou solteiro? (afinal de contas, trata-se de uma fantasia...). Ou talvez certas usuárias da internet — de fato um grande número delas, a contar pelo volume dos termos de busca — estejam levando suas fantasias mais além, mas isso apenas se seu muso-galã estiver disponível.

***

Se eu perguntasse a você, leitor, que lugar costuma visitar para saber da última fofoca on-line, sua resposta provavelmente dependeria de sua idade, renda familiar, se vive numa área urbana, suburbana ou rural, e a região específica em que mora. Por exemplo: se você tem entre 25 e 34 anos de idade e vive numa área urbana metropolitana do país, o mais provável é que visite PerezHilton.com e ali se sirva de sua dose diária de fofoca sobre celebridades.

Blogs como PerezHilton.com e TMZ.com alimentam um outro interesse que todos nós demonstramos: o fascínio que sentimos pelas coisas ruins que acontecem a determinadas celebridades. Seja a saga do entra-e-sai de Paris Hilton da prisão ou a derrocada dos mais recentes astros e estrelas adolescentes por causa do álcool, drogas ou gravidez, ou histórias de quem terminou com quem e quem está ficando com quem, os blogs de celebridades se tornaram os substitutos do tabloide *National Enquirer*.

Perez Hilton é pseudônimo de Mario Lavandiera, nascido em Miami, na Flórida, filho de imigrantes cubanos. Depois de tentar a sorte como ator, Mario voltou suas atenções para o jornalismo. Começou a escrever o blog Pagesixsixsix.com, que em 2004 passou a ser chamado de PerezHilton.com.[14] O site, cuja melhor descrição é a de um blog de fotografias com fofocas sobre celebridades, contém fotos alteradas por Hilton, que desenha resíduos de cocaína e emissões de fluidos corporais, e escreve coisas sobre fotos de gente famosa. A mídia retrata Perez Hilton como uma personalidade desprezada tanto por Hollywood quanto por alguns dos próprios fãs de fofocas, mas os dados provenientes dos termos de busca revelam uma história totalmente diferente. Examinando os termos de busca associados a seu nome, fica claro que as pessoas estão interessadas na cobertura que Perez faz dos últimos mexericos das celebridades.

Por seus próprios méritos, Perez Hilton é uma estrela em ascensão, reivindicando o posto de blog mais visitado da web (contamos as visitas, e não *feeds* de RSS,* métrica usada para contar quem lê os blogs por meio de um leitor de blogs à parte). Desde que lançou o site, Perez já alcançou e ultrapassou os 500 sites mais visitados nos Estados Unidos. Tornou-se também a personalidade mais buscada da categoria "entretenimento-personalidades", recebendo mais buscas do que gente como Oprah Winfrey, Howard Stern, Miley Cyrus e Kim Kardashian (busca relacionada a uma fita de sexo).

Os visitantes do site de Perez Hilton tendem a ser jovens (pessoas entre 18 e 24 anos respondem por 35% das visitas), do sexo feminino (74%) e ricos (33% possuem renda superior a 150 mil dólares anuais). Em contraste com quem ficou de luto por Anna Nicole, os visitantes de Perez Hilton vivem num mundo totalmente diferente. O mais provável é que pertençam ao grupo

---

* A abreviatura RSS é usada para se referir aos padrões *rich site summary*, *RDF site summary* e *really simple syndication*. A tecnologia RSS permite aos usuários da internet se inscreverem em sites que fornecem *feeds* (alimentadores ou fontes) RSS, sites que mudam ou atualizam o seu conteúdo regularmente. Os feeds RSS recebem as atualizações e o usuário pode permanecer informado sobre diversos sites sem precisar visitá-los um a um. (N. T.)

urbano mais afluente do segmento Claritas PRIZM, "urbano da classe média alta", caracterizado como pessoas com educação universitária, que frequentam o mundo das artes, fazem compras em lojas exclusivas e dirigem carros importados de luxo.

Mas os ricos que vivem na cidade não são os únicos consumidores de fofocas sobre celebridades. Se você, por exemplo, é jovem e vive no subúrbio, ou talvez numa área rural, então o TMZ pode ser mais seu estilo. De acordo com o site oficial do programa, a sigla TMZ representa a abreviação de *thirty mile zone*, ou "zona das trinta milhas", também conhecida como zona do estúdio, expressão usada para descrever o epicentro de Hollywood, 48 quilômetros circundando a intersecção do Boulevard Beverly e La Cienega. O TMZ.com, que é uma joint venture entre a Telepictures Productions (que produz programas como *Ellen*, *Extra* e *The people's court*) e a América Online, cresceu junto com Perez Hilton, e disputa a posição de blog de celebridades mais visitado. PerezHilton.com e TMZ.com representam apenas o topo da cadeia alimentar. Se olharmos para baixo, encontraremos diversos websites de celebridades que abastecem audiências específicas. Se você é jovem e afro-americano, e vive num subúrbio ou cidade pequena, é mais provável que visite Bossip.com do que sua contraparte rural. Se você vive no subúrbio, além do TMZ, Hollywodgossip.com [fofocadehollywood.com] pode ser mais seu estilo. Se você é um profissional liberal urbano, então seu site é o Gawker [estúpido].

Se Jim Houran estiver certo, e o aumento da oferta de informações que podemos acessar sobre as celebridades exacerba nossa sensação de conhecer nossos astros e estrelas favoritos, então o crescimento do número de blogs de celebridades significa que cada vez mais iremos nos sentir mais conectados às nossas celebridades preferidas, à medida que galgamos centímetro a centímetro os degraus da Escala de Adoração de Celebridades.

Fatia de mercado de visitas a www.perezhilton.com e www.tmz.com

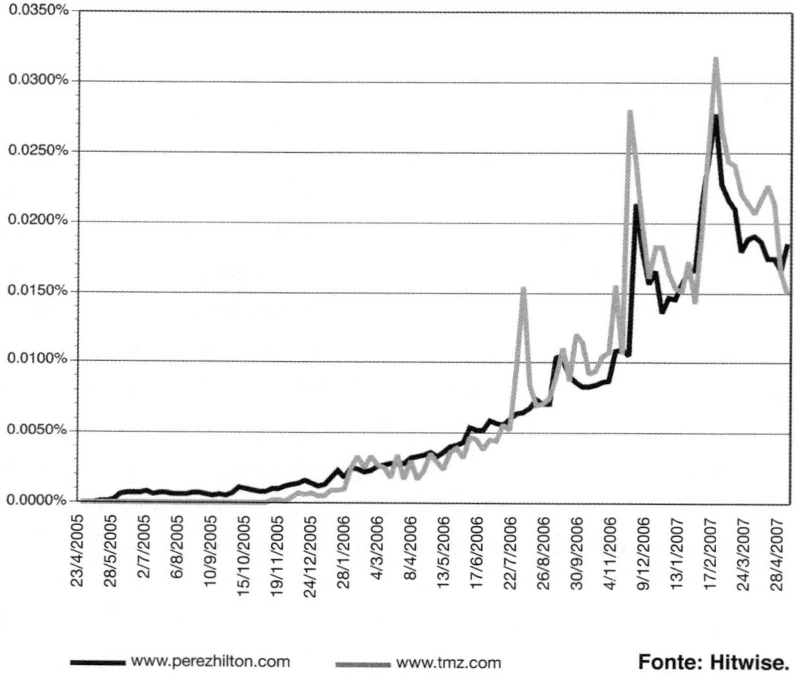

Fonte: Hitwise.

***

As celebridades exercem um fascínio mais intenso em algumas pessoas que em outras. O que ela fará agora? Ela terminou com alguém? Quem vai ficar com a custódia das crianças? Para a maior parte de nós, tanto consumidores como profissionais de marketing, as celebridades no mínimo manejam o poder de nos incitar a comprar coisas. E em tempos recentes nenhuma outra celebridade refinou tanto esse poder quanto uma mulher.

Seja um produto de beleza, um livro novo ou até mesmo o último modelo do automóvel Pontiac que você queira promover, existe um programa de entrevistas que tem o poder de mandar um livro direto para a lista dos mais vendidos, ou mesmo um programa de tevê para a liderança da audiência. Obviamente, o mais poderoso endosso de uma celebridade é o de Oprah Winfrey. A própria Oprah tornou-se um fenômeno da internet, assegurando o lugar de personalidade mais buscada, com poucas exceções, ao longo dos últimos três anos.

O poder da internet pode se estender para além da imagem de Oprah e dos produtos e serviços que ela divulga. Pela primeira vez desde que se tornou a apresentadora de talk show mais popular da televisão, Oprah decidiu apoiar um candidato à Presidência. Antes da realização das eleições primárias, ela foi ao *Larry King Live* para anunciar seu apoio a Barack Obama. Ela recebera Obama em seu programa para discutir a plataforma de governo do democrata e, como resultado dessa única entrevista, as visitas ao site aumentaram incríveis 368% em apenas uma semana. Ainda que não possamos determinar com exatidão quem são os espectadores de Oprah, certamente podemos ter uma ideia de quem constitui um fã de Oprah com base nas visitas a seu site oficial.

Não chega a surpreender que os visitantes sejam em sua maioria do sexo feminino, 72,8% para ser mais exato. Seus fãs da internet tendem a ser um pouco mais velhos — 66,4% têm mais de 35 anos. E, no que diz respeito à distribuição regional, mais de 35% dos visitantes vêm de estados com importante peso eleitoral, como Califórnia, Illinois, Nova York, Texas e Flórida.

Oprah tem claramente o poder de criar astros e estrelas da noite para o dia. Desde gurus da boa forma física, como Bob Greene, a chefs famosos, como Rachel Ray, e psicólogos célebres, como dr. Phil. Seu poder de ir além do mero entretenimento e afetar a opinião pública, ou mesmo influenciar na possibilidade de sucesso político de um candidato, demonstra o encanto que ela possui sobre sua enorme audiência. Esse encanto talvez seja o melhor exemplo da adoração de celebridades de que fala Jim Houran.

Capítulo 6

Do que você tem medo, e outras perguntas reveladoras

Do que você tem medo? Essa é uma questão simples, mas a sua resposta pode depender de quem está fazendo a pergunta ou do contexto em que ela foi formulada. Imagine que você esteja conversando com amigos, talvez numa rodinha na hora do cafezinho no escritório, ou num coquetel, quando o assunto das fobias vem à tona. De que maneira você responde? Sua resposta pode ser semelhante aos resultados da National Comorbidity Survey [Pesquisa Nacional de Comorbidade],[15] estudo baseado em mais de oito mil entrevistas realizado nos Estados Unidos. Naquele estudo, as pessoas que concordaram em participar responderam a perguntas sobre seus temores. A partir das respostas foi elaborada uma lista dos nove principais grupos de medos.

1. Insetos, ratos, cobras e morcegos
2. Altura
3. Água
4. Transportes públicos
5. Tempestades
6. Espaços fechados

7. Túneis e pontes
8. Multidões
9. Falar em público

Mas até que ponto somos de fato honestos quando assumimos nossos receios, mesmo que seja para a voz sem rosto de um pesquisador por telefone? Será que de alguma maneira não estamos todos preocupados com o julgamento que as pessoas farão de nossos medos, tidos como fracos ou irracionais?

Na sede da Hitwise, em São Francisco, eu estava sentado no chão da sala de uma de minhas analistas, LeAnn Prescott, atirando para o ar uma bola da marca Nerf durante uma sessão improvisada de troca de ideias sobre assuntos para postar no blog. Estávamos conversando especificamente sobre a compreensão da consciência coletiva da sociedade num determinado momento usando termos de busca como palavras-chave e elementos fundamentais do pensamento das pessoas. Cogitávamos a ideia de separar dos milhões de buscas únicas em nossa base de dados somente as expressões que contivessem a pergunta "por quê" — como maneira de entender o que as pessoas estão tentando compreender — e "como" — no papel de palavra-chave para entender o que as pessoas querem aprender a fazer.

Não consigo me lembrar de quem propôs a ideia, mas era brilhante: procurar todos os termos de busca que contivessem a expressão "medo de" como maneira de compreender e potencialmente classificar nossas fobias, com base na teoria de que alguns de nós devíamos estar usando as máquinas de busca e a web para tentar compreender nossos temores.

Dirigi-me à mesa de LeAnn para conferir os resultados. Esperava encontrar um punhado de termos, resumindo os medos mais comuns. Fiquei chocado quando nosso sistema mostrou mais de 1.686 buscas únicas num período de quatro semanas contendo o termo "medo de".

Examinando rapidamente a lista, pude constatar que: 1) os medos que as pessoas buscam não aparecem na mesma ordem da Pesquisa Nacional de Comorbidade; e 2) nossos medos são únicos, bastante específicos, e em alguns casos totalmente bizarros.

Para criar minha lista das principais fobias, a primeira tarefa foi filtrar as buscas não fóbicas por "medo de". A palavra *fear* (medo), afinal, aparece num sem-número de ocorrências: letras de música; termos como "Fear Before the March of Flames" [Medo Diante da Marcha de Chamas], banda de rock experimental de Aurora, Colorado; pesquisas educacionais, tais como "definição de medo"; e, é claro, buscas como "As garotas do *Fear Factor*", em referência ao reality show de competição *Fator medo – desafio total*. Depois de excluir todos os termos que claramente não diziam respeito a buscas por fobias, ainda precisávamos analisar mais de mil entradas de medos únicos.

Alguns termos eram um pouco mais difíceis de classificar. Seriam verdadeiras fobias ou meras curiosidades? O segundo termo mais procurado era "medo de palavras compridas", o que pode ter origem numa definição irônica inspirada numa lenda urbana. Fazendo buscas sobre o termo, encontramos diversas listagens afirmando que o vocábulo oficial em latim para descrever o termo é *hippopomonstrosesquippedalio* (a verdadeira nomenclatura para esse medo é "sesquipedalofobia"). As pessoas que fizeram pesquisas sobre esta modalidade de medo provavelmente devem ter achado graça ao se depararem com uma palavra tão comprida, em vez de realmente se identificar com o medo que buscavam. Fato interessante é que, ao procurar uma explicação para o fenômeno, encontrei vários websites que alegavam oferecer uma cura para o medo de palavras compridas, incluindo um em que havia "uma equipe certificada e especializada em ajudar as pessoas a vencer medos, fobias e ansiedades de todos os tipos, em particular problemas como o medo de palavras compridas".[16] Navegando por esses sites, entretanto, ficou claro que os donos faziam um uso liberal da função localizar-e-substituir de um processador de texto para criar clichês para cada medo concebível.

Após todo o processo de filtragem, chegamos a uma lista dos medos mais buscados para nossa amostra. Embora a lista não seja tão direta quanto fazer a pergunta "do que você tem medo?", é uma visão dos medos que estamos tentando entender, digitados em máquinas de busca que, ao contrário de nossos amigos, parentes ou terapeutas, são incapazes de nos julgar ou condenar.

Eis aqui os dez principais termos de busca contendo "medo de".

1. Voar
2. Altura
3. Palhaços (o que também pode se referir ao filme *Fear of clowns* [Medo de palhaços])
4. Intimidade
5. Morte
6. Rejeição
7. Pessoas
8. Cobras
9. Sucesso
10. Dirigir

Uma das diferenças mais notáveis entre a lista de buscas sobre medos e a listagem de fobias compilada pela Pesquisa Nacional de Comorbidade é que aparece apenas um único medo social entre os nove primeiros da pesquisa — o medo de falar em público — contra quatro na lista de buscas com o termo "medo de": "medo de intimidade", "medo da rejeição", "medo de pessoas" e "medo do sucesso".

Os psicólogos agrupam nossos medos em categorias específicas, fazendo uma distinção entre fobias sociais, ou medos que envolvem nossas interações com outras pessoas, e os medos específicos, que podem incluir medo de altura, aranhas e transportes públicos.

A grande questão é, então, por que nossos padrões de busca sobre medos mostram significativamente mais medos sociais do que os resultados baseados em pesquisa fundamentada em entrevistas? As estimativas são de que 15 milhões de norte-americanos, isto é, quase 6,8% da população acima de 18 anos, sofrem de alguma forma de distúrbio de ansiedade.[17] Embora esse montante seja calculado com base numa pesquisa, é inteiramente possível que estejamos subestimando o número de pessoas que sofrem de medos sociais.

De acordo com o Instituto Nacional de Saúde Mental, a fobia social é definida como

> um distúrbio caracterizado pela intensa ansiedade e excessivo constrangimento nas situações sociais do cotidiano. A fobia social pode se limitar a apenas um tipo de circunstância — como o medo de falar em situações formais ou informais, ou comer e beber na frente de outras pessoas — ou, em sua forma mais severa, pode ser tão ampla que a pessoa tem sintomas praticamente todo o tempo em que está na presença de outras pessoas.[18]

Se essas fobias sociais são caracterizadas pelo excesso de inibição, constrangimento ou timidez, como uma pessoa acometida desse medo responderia a outro indivíduo realizando uma pesquisa sobre medos? Não seria um exemplo perfeito da dissonância cognitiva que discutimos no primeiro capítulo? No entanto, se excluímos da equação o entrevistador e o substituímos por uma ferramenta não opiniática nem crítica nem preconceituosa, e capaz de acessar gigantescas quantidades de dados, a análise das buscas na internet pode ser a chave para uma aferição mais realista de nossos medos sociais.

Em minhas viagens sempre levo listas de buscas, e durante os voos mais longos passo o tempo lendo-as e estudando-as com atenção. Uma das listas mais divertidas e esclarecedoras de examinar foi essa de buscas por "medos de". Das cem principais buscas, vinte são relativas a alguma forma de medo social. Porém, mergulhando mais a fundo na lista de mais de mil buscas sobre medos, o tema que se apresenta de maneira mais recorrente é a batalha entre dois tipos de ansiedade social: o "medo de compromisso" e o "medo de ficar sozinho". Talvez essas buscas não cheguem ao nível de ansiedades clínicas, mas se os padrões de busca são algum indicador, essas duas preocupações opostas ocupam a mente de muitos de nós. Uma vez que não estamos perguntando diretamente às pessoas do que elas têm medo, há algumas explicações alternativas para o duelo entre o medo de ficar sozinho e o medo de não ficar sozinho. Uma possibilidade é que buscas como "medo de intimidade" e "medo de compromisso" sejam tecladas pela pessoa que não é propriamente a medrosa — como, por exemplo, a outra envolvida em um relacionamento problemático.

Eis aqui as quinze principais buscas por "medo de".

1. Intimidade
2. Rejeição
3. Pessoas
4. Sucesso
5. Multidões
6. Fracasso
7. Sexo
8. Compromisso

9. Falar em público
10. Ficar sozinho(a)
11. Amor
12. Meninas
13. Apaixonar-se
14. Abandono
15. Coração partido

Talvez haja algo mais significativo aí. Está claro que os medos sociais aparecem com mais frequência em buscas on-line que em resultados de pesquisas com base em entrevistas. A diferença no ranking dos medos pode demonstrar que as respostas dadas em entrevistas não refletem verdadeiramente nossos medos efetivos. Mas será que nossos medos sociais também poderiam ser exacerbados pela experiência on-line propriamente dita? O mero fato de que optamos por fazer pesquisas por meio de uma máquina de busca em vez de conversar sobre nossos medos com um amigo, parente ou terapeuta profissional sugere que nos sentimos mais confortáveis e com sensação de privacidade ao estabelecer o diálogo com um algoritmo a respeito dessas questões do que na tentativa de buscar a ajuda de outras pessoas. O problema torna-se ainda maior à medida que sondamos o estranho mundo dos medos específicos.

As fobias específicas são inteiramente diferentes e demonstram sua natureza única. Estima-se que mais de 18 milhões de norte-americanos acima de 18 anos sofrem de medos específicos, mais de 8,7% da população dos EUA. Existem várias categorias de medos específicos, de fobias de animais (aranhas, ratos, coelhos, que aparece mais para o final da lista) a fobias de algumas situações (voar, atravessar túneis, pontes), ou fobias ambientais (tempestades, altura), ou mesmo "outras". O grupo "outras" é na verdade o mais interessante. Conforme fui avançando na análise das 1.600 diferentes buscas por "medo de", fiquei perplexo ao constatar o quanto nossos medos são singulares. Se a ansiedade social acerca de se ver perto de alguém e a ansiedade relativa à ideia de ficar sozinho(a) ocupam a dianteira da lista, uma grande quantidade de fobias específicas compõe a ponta de baixo, um conjunto único de buscas por fobias.

Além dos medos mais comuns, como de voar, cobras e palhaços, a lista revela alguns medos específicos verdadeiramente bizarros. Partindo da ontologia desenvolvida por profissionais da área de saúde mental, desenvolvi um arranjo para essas esquisitices de ansiedade por ordem de popularidade.

O medo de diferentes partes do corpo aparece inúmeras vezes na lista, o que permite deduzir que aparentemente não é de todo incomum que as pessoas sintam medo de ser "tocadas no pescoço", medo de pelos e cabelos, dentes e pele, e até fobias bem mais singulares, como medo de cotovelos, pés, umbigos e, mais especificamente, da "sujeira acumulada no umbigo", o que pode ser uma extensão do popular "medo de poeira".

Nossas buscas na internet também demonstram o isolamento de nossa sociedade e o medo de outras culturas, sintomatizados em medos que são um híbrido de fobias sociais e ansiedades específicas. As buscas por medos sociais incluem "medo de coisas alemãs", "medo dos franceses", "medo de mexicanos" e "medo da cultura chinesa".

Se tivesse de dar um palpite, eu diria que os medos referentes a matérias de estudo concentram-se em torno de nossas crianças em idade escolar, com "medo de matemática" ocupando a primeira posição, seguido por "medo de biologia" e "medo de física", e medos bastante específicos, como "medo da teoria da relatividade". Embora eu nunca tenha parado para pensar em minha apreensão a respeito da teoria de Einstein, termos como "dilatação do tempo" são certamente capazes de causar em mim alguma inquietação.

Por fim, há os medos que simplesmente desafiam qualquer classificação, tais como as múltiplas ocorrências de "medo do medo", também conhecido como fobofobia. Será que alguns de nós nos sentimos tão debilitados pela possibilidade de adquirir uma fobia que o próprio medo de ter algum medo torna-se nosso receio mais elementar?

Faço um esforço para imaginar qual é o fundamento de alguns dos medos bizarros que aparecem nas últimas posições da nossa lista. Entre as causas comuns de fobias específicas incluem-se uma experiência passada traumática ou uma resposta condicionada. O medo do número 13 certamente é compreensível, por causa da superstição tradicionalmente associada ao algarismo. Mas que tipo de trauma ou condicionamento poderia levar alguém a sentir "medo de letras maiúsculas" ou "medo de números ímpares"?

Dada a vasta coleção de medos pesquisada pelos internautas, em certo sentido é reconfortante saber que muitos de nós sofremos com medo de alguma coisa, em alguns casos de modo racional, em outros de maneira aparentemente irracional. Um dos medos que não figurou na lista é o "medo do desconhecido". O que é interessante, uma vez que um dos tipos de buscas mais populares é por informações sobre "como". Talvez, desde a explosão da disponibilidade de informações passíveis de serem acessadas na internet, a proporção entre o conhecido e o desconhecido esteja em franco declínio.

Uma extensão de nossas buscas sobre medos, o que confirma o potencial da internet no que tange a se tornar a nossa confidente, é a categoria nascente de websites confessionais. O gênero da confissão on-line deve sua gênese a Frank Warren, autor do estrondoso sucesso de vendas *PostSecret* [Poste um segredo], coleção de confissões submetidas anonimamente sob a forma de cartões postais.

O conceito, que teve início como um projeto de arte experimental em 2004, levou à publicação em 2005 do best-seller *PostSecret: extraordinary confessions from ordinary lives* [Poste um segredo: confissões extraordinárias de vidas comuns], e no mesmo ano resultou na criação de um website que publica confissões de usuários.[19]* Mantendo a tradição da internet, diversos websites floresceram expandindo a ideia das confissões anônimas, tais como o Experience Project [Projeto Experiência], site de confissões que gira em torno de uma estrutura de rede social. Os usuários da web podem não apenas revelar seus segredos mais obscuros e profundos, mas também ler comentários e respostas de outras pessoas que tivessem compartilhado segredos semelhantes.

Alguns websites confessionais são direcionados a dificuldades, apuros ou etapas específicas da vida. O truemomconfessions.com [confissões verdadeiras de mães], por exemplo, é um site de confissões anônimas sobre as agruras da maternidade. O slogan do site é "Ser mãe é dureza, admita!". No site é possível encontrar confissões tais como: "Amo meu filhinhos. Adoro ser mãe e limpar bumbuns e fazer comida 'de criança'. Mas isso não quer dizer que hoje eu esteja gostando dos meus filhinhos"; ou "Há dias em que peço a Deus que tivesse parado no primeiro". O fundador do site também criou outras páginas confessionais específicas, como "True Office Confessions" [confissões verdadeiras de escritório], "True Dad Confessions" [confissões verdadeiras de pais] e "True Bride Confessions" [confissões verdadeiras de noivas].

Quando examinamos a demografia dos visitantes de sites confessionais, fica claro que, até agora, em que praticamente experimentamos o início da modalidade das confissões on-line, existe um early

---

* O site funciona assim: a pessoa escreve um segredo num cartão-postal e envia, anonimamente e pelo correio, para uma caixa postal gerenciada por Frank Warren, dono do site. Os cartões são escaneados e publicados. Um segundo livro, *My secret: a postsecret book* [Meu segredo], foi lançado em 24 de outubro de 2006; um terceiro volume, *The secret lives of men and women: a postsecret book* [A vida secreta de homens e mulheres], foi lançado em 9 de janeiro de 2007; um quarto livro, *A lifetime of secrets: a postsecret book* [Uma vida de segredos], saiu em 9 de outubro de 2007. (N. T.)

adopter (ver capítulo 10, adiante) para esse tipo de atividade. Os visitantes desses sites tendem a ser do sexo feminino (70%) e viver em famílias prósperas no subúrbio. Em suma, esses websites nos oferecem uma janela para o equivalente on-line da Wisteria Lane.[20]

Quando examinamos a atividade coletiva dos websites confessionais, e o que escolhemos confessar para máquinas de busca na forma de pesquisas, temos uma amostra bastante precisa daquilo que pesa em nossa mente. Ainda que a internet possa fazer com que nos afastemos uns dos outros, o anonimato que ela propicia pode nos possibilitar, assim como a cortina, tela ou treliça de um confessionário católico, a segurança de admitir coisas que normalmente não discutiríamos com mais ninguém. Esse olhar agudo sobre a condição humana não se limita às coisas que nos apavoram ou que sentimos necessidade de confessar. O aumento de buscas do tipo "como" nos oferece um outro tesouro (sem dono) de dados on-line, revelando-nos o que queremos aprender.

***

No ano passado deparei-me com um temor: o medo de fracassar numa tarefa bastante específica. Eu tinha acabado de falar ao telefone com o editor-geral do site TIME.com, o braço on-line da revista. Depois de ler no blog textos meus sobre dados da internet e conversar com um colega, Josh, o editor, queria saber se eu estava interessado em escrever uma coluna semanal. É claro que estava! Mas, espere aí, havia um problema evidente: na melhor das hipóteses eu era um escritor amador. Nunca frequentei um curso de jornalismo, não era um escritor profissional, e a *Time*, uma das publicações mais famosas e importantes nos Estados Unidos, queria saber se eu estava interessado em escrever uma coluna. Dizer que fiquei intimidado seria atenuar os fatos. Assim que desliguei o telefone, após dizer a Josh que topava, instintivamente digitei o endereço do Google no meu navegador, e sem nem pensar coloquei o cursor na caixa de buscas e digitei "como escrever uma coluna de revista".

Os mecanismos de busca já fazem mais do que servir ao mero propósito de encontrar informações ou navegar até um website. Cada vez mais, máquinas como Google, Yahoo! Search e outros mil e tantos sites de busca estão atuando como fonte de conhecimento e aprendizado. Reuni minha equipe de analistas e, examinando a lista de buscas por "medo de", discutimos ideias sobre outras expressões interessantes para estudar. Ao investigarmos a sugestão de buscas por "como", ficamos espantados com o volume que as buscas com esse termo específico representavam: quase 3% de todas as pesquisas nos Estados Unidos, o que fazia dela a pergunta mais comum em todas as buscas, e, a propósito, a expressão mais digitada em máquinas de busca. As buscas por "como" também seguem padrões sazonais que coincidem com o calendário escolar, com um pico que sempre ocorre durante os meses de verão, e uma subsequente queda durante as férias de inverno e o *spring break*.* E se 3% pode não parecer um volume substancial de buscas, considerando as centenas de milhões de pesquisas que passam pelos servidores das máquinas de busca todo dia, diga-se que 3% é um número impressionantemente alto.

Ainda que eu adore analisar listas de buscas à procura de padrões de comportamento, quando vi diante de mim a lista de mais de 130 mil buscas por "como" que o sistema da Hitwise havia compilado num período de quatro semanas, a tarefa me pareceu bem difícil de ser executada.

---

* O *spring break* (pausa de primavera) é uma semana de recesso (e festas) nas universidades e escolas dos EUA, Canadá e outros países. Nos EUA a pausa pode variar de fins de fevereiro ao final de abril. No Canadá, muitas províncias observam um *march break*, em março. Um conceito mais ou menos equivalente em português seria "semana do saco cheio". (N. T.)

Comecei pelo topo da lista. Em primeiríssimo lugar, posição que se manteve de maneira consistente nos dois anos anteriores, figurava "como dar o nó na gravata". Esse dado parecia esquisito. De todas as perguntas sobre todas as coisas que gostaríamos de saber como fazer, será que dar o laço na gravata estava realmente no topo da nossa lista? Minha primeira pergunta foi: trata-se de um fenômeno dos Estados Unidos? Em contraste com os EUA, uma rápida espiada em nossa base de dados do Reino Unido mostrou que lá "como dar o nó na gravata" ocupava a posição de número 51. Na Austrália, a mesma busca se aproximava um pouco mais da posição dos EUA, abaixo de "como votar" e "como escrever um resumo".

Amplitude de buscas por "como"

Fonte: Hitwise.

Em conferências, sempre me perguntam se há diferenças na maneira como os usuários de diferentes países usam a internet. É claro que há. Às vezes são simples diferenças de vernáculo. Por exemplo, nos Estados Unidos é mais comum encontramos ocorrências de buscas por "passagens aéreas", ao passo que no Reino Unido prevalecem as buscas por "voos". Às vezes os dados de buscas lançam luz sobre diferenças culturais. Vejamos o caso do nó na gravata. Como explicar a discrepância entre o número 1 do ranking e o número 51? Minha hipótese é a de que, uma vez que a maioria das crianças em idade escolar no Reino Unido usam gravatas como parte de seu uniforme, para elas dar o laço na gravata torna-se uma segunda natureza, sem necessidade alguma de instrução, ao passo que nos Estados Unidos o uso da gravata faz parte de trajes reservados a situações especiais, o que pode exigir uma recapitulação ou o reaprendizado da habilidade. De fato, se representarmos graficamente o padrão das diferentes buscas por "como dar o nó na gravata", constatamos que atingem um pico nos meses de verão, presumivelmente por conta da temporada de casamentos.

As coisas ficam interessantes depois das gravatas. Aparentemente as buscas mais populares com o termo "como" são feitas por adolescentes sexualmente curiosos (apenas uma suposição, com base na linguagem e no assunto), com pesquisas do tipo "como beijar", "como fazer sexo", "como dar amassos". Examinando essas buscas que exalam hormônios, pergunto-me o que os adolescentes faziam antes da internet. Em minha juventude, até onde me lembro, ficávamos todos atrapalhados na hora de lidar com os mistérios do sexo oposto, envergonhados demais para fazer perguntas tão delicadas para os amigos, e, Deus me livre, aos familiares. Em contraste, os adolescentes de hoje, por meio de máquinas de busca, veem a internet como um manual gigante. Avançando das vinte para as cem primeiras buscas, ao que tudo indica fica a cargo dos meninos as pesquisas com o termo "como" referentes a temas ligados a sexo, dado o alto volume de ocorrências do tipo "como encontrar uma namorada", "como flertar com meninas", além de perguntas mais específicas sobre a anatomia feminina.

Será que a internet nivelou o campo de jogo entre homens e mulheres, deixando-nos em pé de igualdade? Entre as mulheres é hábito bastante comum compartilhar com as amigas informações sobre experiências sexuais. Entre os homens isso ocorre de forma menos frequente. Porém, uma vez que as experiências compartilhadas estão disponíveis na internet, não será o caso de dizer que homens e mulheres agora estão igualmente informados? O vício na internet como fonte de respostas às perguntas dos adolescentes relativas ao sexo oposto e a relações sexuais está causando uma alteração na balança do conhecimento entre meninos e meninas. Com base mais uma vez no anonimato e na ausência de constrangimento propiciada por uma máquina de busca, o equilíbrio de conhecimento entre os sexos pode ter sido equalizado.

O hábito de descobrir como fazer alguma coisa via computador está se tornando uma atividade popular. As buscas por "como" estão em ascensão. Desde o início de 2007, subiram mais 17,5%. Abaixo listamos as dez principais buscas por "como" nos Estados Unidos, no período de quatro semanas com término em 21 de dezembro de 2007.

1. Como dar o nó na gravata
2. Com fazer sexo
3. Como beijar
4. Como perder peso
5. Como escrever um resumo
6. Como levitar
7. Como desenhar

8. Como engravidar
9. Como dar amassos
10. Como fazer um vídeo

Pelo exame desses termos, uma coisa fica clara: além da tensão sexual adolescente, vemos que, assim como ocorre com nossos medos, nossos dilemas instrucionais tornaram-se fragmentados. Para atribuir sentido a uma vasta lista de mais de 130 mil buscas diferentes, agrupei em categorias as primeiras mil.

O tipo preponderante com "como" são referentes a questões de conhecimento geral, pesquisando informações sobre como realizar uma tarefa específica, incluindo nossa primeira colocada, "como dar o nó na gravata", e coisas do tipo "como fazer um filme", "como resolver um cubo mágico", e assim por diante. A ocorrência "como desenhar" figura com destaque nessa classe de buscas, sendo o mais popular de todos o interesse específico em como desenhar personagens de desenhos animados japoneses. Combinadas, as questões de conhecimento geral são responsáveis por mais de 57% das mil principais pesquisas.

A segunda categoria mais comum entre as buscas por "como" era de natureza sexual. Dado o caráter explícito desse conjunto, deixarei a lista para a imaginação dos leitores. Havia 173 buscas sexuais do total de mil, ou 17,3%.

As buscas com "como" revelam também nossas aspirações. Abarcando 12% das buscas instrucionais estavam pesquisas voltadas para o autoaperfeiçoamento — como "perder peso", "ganhar peso", "ganhar dinheiro" —, e, para aqueles verdadeiramente em busca de satisfação instantânea, como "ganhar dinheiro rápido". Do lado mais sombrio, mais de 9,5% das buscas eram relativas a drogas e atividades ilegais, sendo que a maconha figurava em alta posição na lista (ocorrências do tipo "como plantar maconha", "como cultivar marijuana" e "como cultivar erva"), mas também perguntas preocupantes, do tipo "como cometer suicídio", "como fabricar metadona", e até mesmo "como construir uma bomba". Aparentemente nos sentimos confortáveis com nossos computadores e a internet para pesquisar sobre praticamente qualquer coisa. Aliás, a busca "como escrever um livro" aparece na 62ª posição.

***

As máquinas de busca são excelentes fontes para encontrar todo tipo de informação, desde instruções sobre como chegar a algum lugar, localizar um livro ou peça de computador difíceis de achar, reencontrar um amigo com quem perdemos contato, e até mesmo uma enxurrada de informações criadas pelo conteúdo gerado por consumidores. Conforme acabamos de discutir, estamos usando nossas máquinas de busca para compreender nossos medos e descobrir maneiras de como realizar tarefas, mas às vezes nossos questionamentos são ainda mais básicos. Às vezes queremos apenas saber por quê.

Examinando os padrões das buscas contendo o termo "por quê" (que constitui mais de 0,5% de todas as pesquisas na internet), vemos que elas mostram um forte padrão sazonal correlato com o ano escolar, atingindo o pico durante os meses de primavera e de outono, e caindo até 60% durante o verão e a semana entre o Natal e o Ano-Novo. É um bom palpite supor que uma larga porção desses nossos perguntadores seja de crianças em idade escolar. De fato, é provável que algumas das buscas mais populares com "por quê" sejam motivadas por trabalhos escolares. As perguntas relativas a feriados tendem a aparecer perto do próprio feriado em questão. Por exemplo, em novembro, algumas das pesquisas mais comuns com "por quê" incluem "por que celebrar o Dia dos

Veteranos?" e "por que celebramos o Dia de Ação de Graças?". Se examinarmos a frequência de buscas com perguntas com "por quê" feitas durante qualquer outro mês do ano, também constataremos a presença de questões acerca dos feriados mais próximos.

Aparentemente, alguns estudantes estão dando sinais de fadiga educacional com perguntas como "por que devo ir para a faculdade?" e "por que preciso de faculdade?". Depois dessas perguntas básicas seguem-se questões mais gerais, coisas que se esperaria ouvir de uma criança curiosa. "Por que o céu é azul?" ocupou o topo da lista por dois anos consecutivos (exceto pelo mês em que Britney Spears raspou a cabeça, o que gerou intensas pesquisas com "por quê").

Peneirando mais de 20 mil perguntas com "por quê" em um período de apenas quatro semanas, à medida que fui me aprofundando na lista vi que as questões vão deixando de ser simples temas escolares e tornam-se buscas cada vez mais complexas, e às vezes mesmo comoventes, perguntas pelo significado.

Um tema que perpassa com persistência a lista das mil primeiras buscas com "por quê" é nossa relação com outras pessoas. Uma longa fieira de perguntas como "por que ele me deixou?" e "por que ela não disse adeus?" revelam que alguns de nós ficamos tão perturbados com nossos relacionamentos interpessoais que, movidos pelo desespero, preferimos apelar para os servidores, algoritmos e índices que constituem uma máquina de busca na tentativa de encontrar a resposta para nossos defeitos e fracassos, ou os defeitos e fracassos dos outros. A fim de descobrir quais as respostas que os usuários esperavam encontrar, digitei no Google o termo de busca "por que ela me deixou?", apenas para me deparar com diversos excertos de colunas de aconselhamento e um anúncio pago de resposta por meio da hipnose: "Controle os homens hipnoticamente. Que segredos podem abrir o coração de um homem?".

Amplitude de buscas por "por quê"

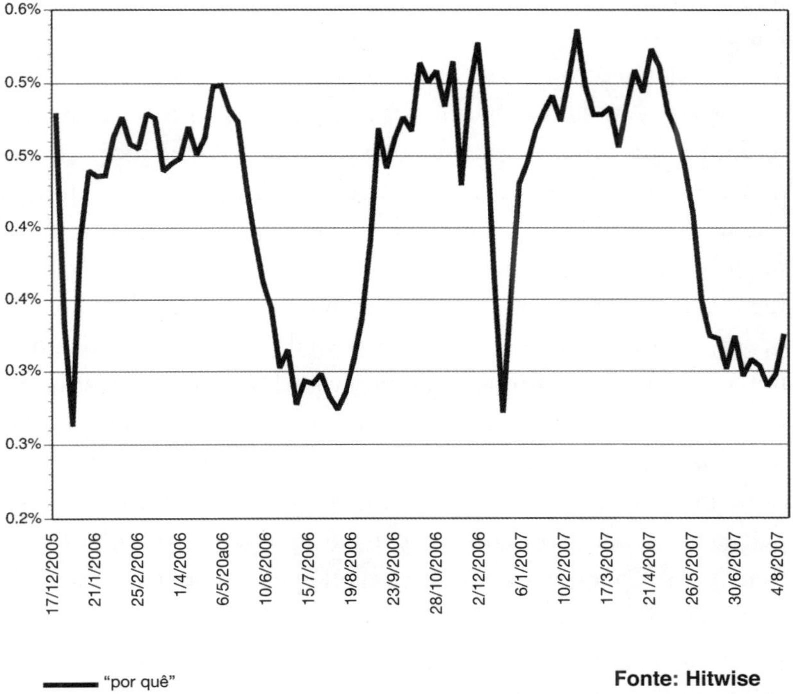

Fonte: Hitwise

Mais abaixo na lista, além das pesquisas escolares e perguntas do tipo "por que os gatos ronronam?", as questões vão ficando mais profundas, mais introspectivas e mais filosóficas. Perguntamos por que as coisas acontecem, sobre as nossas crenças, e sobre a nossa existência.

As pesquisas religiosas desempenham papel central nessas buscas introspectivas. Contudo, diferem bastante de acordo com a denominação. A maioria das buscas católicas com "por quê", por exemplo, almeja compreender costumes e práticas da religião, caso de ocorrências como "por que os católicos rezam para Maria", "por que os católicos rezam o terço?" ou "por que os católicos usam água benta?".

As buscas em torno do cristianismo em geral revelam uma preocupação com o tema do ódio, tanto em termos de por que os cristãos odeiam os ateus, bem como o reverso da moeda, "por que os cristãos são odiados?". As buscas com "por quê" sobre os muçulmanos contêm algumas pesquisas relacionadas ao ódio, como, por exemplo, "por que os muçulmanos odeiam o Ocidente?". Mas a maior parte das buscas muçulmanas, assim como as católicas, visam compreender práticas religiosas, tais como "por que um muçulmano não pode comer carne de porco?" e "por que as mulheres muçulmanas usam o *hijab* (o lenço ou véu islâmico)?".

O "por quê" do judaísmo se destaca dos demais, e praticamente não aparecem ocorrências de buscas sobre as práticas judaicas. A maioria das buscas sobre a religião (e as buscas com "por quê" relativas ao judaísmo e aos judeus são as mais populares entre todas as denominações religiosas) diz respeito ao Holocausto e à perseguição aos judeus, com ocorrências do tipo "por que Hitler matou os judeus?", "por que os nazistas eram tão cruéis com os judeus?" e "por que Hitler odiava os judeus?".

Quando ampliamos o escopo das buscas com "por quê" para incluir pesquisas que contêm a palavra "Deus", vêm à tona as dificuldades que as pessoas têm de compreender o conceito de religião. Embora assuma roupagens diferentes, um tema inequívoco se mantém constante, a saber: se existe um ser superior, então por que, conforme escreveu Harold Koshner em sua obra seminal, "coisas ruins acontecem com as pessoas boas?". A questão toma várias formas, desde "por que Deus o levou embora?" e "por que Deus fez isso comigo?", até um ponto de vista mais cético, caso de "por que as pessoas pensam que Deus leva embora as pessoas?".

Questionando tudo como fazemos, desde nossos medos mais profundos e sombrios (não importando o quanto sejam irracionais) até a nossa fé e existência, deixamos bem claro que as máquinas de busca já não são meramente uma ferramenta que nos ajuda a encontrar informações. Apesar de suas limitações, para muitos de nós as máquinas de busca adquiriram o papel de professor, confidente, de um ouvinte solícito de nossas confissões.

Mesmo com toda a discussão acerca de como a internet propiciou uma forma superior de comunicação entre nós, parece que em algumas circunstâncias ela de fato acaba revelando nossa insegurança. Em outros casos, por causa de seu anonimato e incapacidade de fazer julgamentos, a internet nos oferece uma maneira de evitar que façamos as perguntas mais difíceis ou admitamos nossos defeitos para nossos amigos e parentes. E isso nos leva a uma outra questão: será que essa tecnologia, que demonstra tanto potencial de nos aproximar de outras pessoas e tornar nossa sociedade mais coesa, aperfeiçoando nossa comunicação, não estaria na verdade nos isolando? Se continuarmos na trilha de confiar e contar cada vez mais com a tecnologia para nos ajudar a responder a perguntas básicas sobre a maneira como sentimos as coisas, como fazemos as coisas e como nos relacionamos com outros indivíduos, continuaremos a nos distanciar cada vez mais. Mas uma coisa é certa: à medida que seguirmos recorrendo às máquinas de busca para responder a nossas perguntas mais profundas, continuaremos aprendendo mais sobre nós mesmos.

Capítulo 7

WEB QUEM.0

Definir a web 2.0 é uma tarefa complicada para qualquer um que já tenha tentado. Em 2006 fui o coautor de um artigo sobre o tema junto ao Pew Internet Group. O conceito de web 2.0 chegou à minha caixa de entrada de mensagens na forma de um e-mail de um amigo insistindo que eu assistisse a um vídeo amador no serviço de vídeos do Google. Cliquei no link e carreguei o vídeo que mostrava dois estudantes chineses de belas-artes de Guangzhou dublando a música "I want it that way", dos Backstreet Boys. A combinação entre as expressões faciais exageradas, os movimentos sincronizados e uma figura estoica ao fundo deram origem a um vídeo bastante engraçado.

Era hilariante! Eu dava gargalhadas incontroláveis ao assistir às palhaçadas daqueles dois estudantes do outro lado do mundo. Ao mesmo tempo, na mesma hora senti-me compelido a enviar o link para vários amigos. Não demorou muito para que o vídeo dos dois rapazes — conhecidos como Back Dorm Boys [Meninos do dormitório], Wei Wei (também conhecido como o baixinho) e Huang Yi Ziu (o grandalhão) — tivesse mais um milhão de acessos. Por causa de uma simples música dublada os dois alcançaram a fama on-line, e por fim assinaram um contrato para atuar como porta-vozes da Motorola na China.

A difusão viral do conteúdo não é um conceito novo na web 2.0. O marketing viral foi a palavra da moda na primeira versão 1.0 da web, a expressão de efeito para impressionar os leigos. O que mudou foi o fato de que, em vez de fazer circular apenas conteúdos criados por editores de conteúdo, tais como portais ou as versões on-line de jornais e revistas impressos, a partir de maio de 2005 passaram a estar disponíveis conteúdos criados em dormitórios de faculdades, porões e escritórios domésticos. Um contingente seleto de usuários da internet tinha se tornado gerador de conteúdos.

Nunca recebi tantos comentários e tantas correspondências enfurecidas como na ocasião em que tentei determinar o que era ou não considerado um site de web 2.0. De acordo com os comentários que recebi, meu maior pecado tinha sido chamar o MySpace de rede social, e, portanto, propriedade da web 2.0. Ainda não sei ao certo por que essa definição despertou a ira de parte dos leitores. Contudo, pelas respostas e reações que suscitei, bem como pelas vaias da plateia quando menciono "web 2.0", parece que se trata de um termo aleatório, um jargão da moda, fruto de pouca reflexão e sem significação precisa.

Embora eu ainda me mantenha fiel à minha definição original de que a web 2.0 se refere aos sites que permitem que seus usuários gerem seu próprio conteúdo e o compartilhem com outros usuários, pode ser mais útil salientar as diferenças entre os sites pré-2.0 (que vamos chamar de 1.0) e suas novas versões habilitadas para a web 2.0.

Durante a primeira bolha da internet, um dos sites mais populares na categoria educacional era o Encarta, originalmente uma versão em CD-ROM da tradicional coleção Funk & Wagnalls, de capa dura etc. Em 1995, a Microsoft lançou uma enciclopédia híbrida, baseada em CD-ROM e na web.[21] Por volta de 2000 todas as enciclopédias tradicionais já tinham disponibilizado sua versão on-line, mas o modelo tradicional de publicação continuava sendo o mesmo: os artigos eram escritos por especialistas e editados por profissionais.

Em janeiro de 2001, Jimmy Wales fundou a equivalente 2.0 da Encarta, a enciclopédia social Wikipedia.[22] Na versão de Jimmy, o modelo editora/autor/editor/ estava em aberto. Quando a Wikipedia foi lançada, era uma tela em branco, na qual qualquer pessoa, anonimamente, poderia criar um verbete sobre qualquer tópico. Embora a primeira reação tenha sido de ceticismo, sumarizado na pergunta "por que alguém perderia seu tempo escrevendo uma enciclopédia sem receber para tanto nenhum incentivo monetário?", o rápido crescimento da Wikipedia mostrou que os céticos estavam enganados.

Participação de mercado de visitas a www.encarta.com e www.wikipedia.org

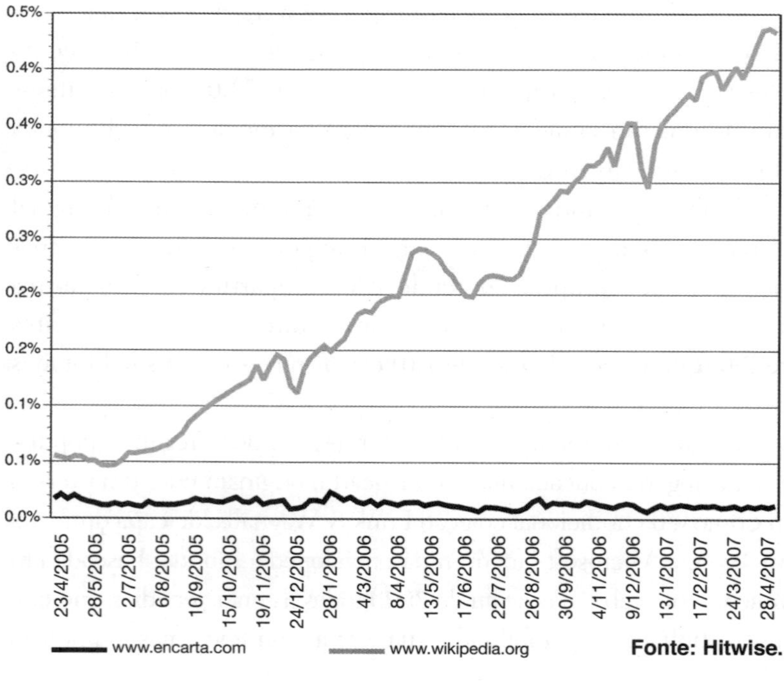

Fonte: Hitwise.

A Wikipedia não apenas cresceu, mas prosperou rapidamente, ultrapassando seus rivais 1.0. Se compararmos a Encarta e a Wikipedia, a edição premium da Encarta tinha 68 mil artigos sobre uma variedade de assuntos. A Wikipedia, em dados de 2007, tem mais de 7,5 milhões de artigos, escritos por mais de cinco milhões de editores registrados, e novos artigos aparecem no site a uma taxa de 1.700 por dia.[23] No início de 2005, a Encarta e a Wikipedia eram mais ou menos do mesmo tamanho quanto à fatia de mercado de visitas. No final de 2007, a participação de mercado da Wikipedia já era mais de 45 vezes maior que a Encarta.

Versões web 2.0 de sites 1.0 aparecem em outras áreas, tais como o compartilhamento de fotografias. Antes de 2005, os internautas recorriam a sites como ofoto.com, páginas engenhosas que permitiam que o usuário carregasse suas fotos em um servidor central e depois as imprimisse ou enviasse por e-mail para os amigos. Mas em Vancouver, na Colúmbia Britânica, a Ludicorp, criadora de um MMOG (Massively Multiplayer Online Game, jogos de computador on-line capazes de suportar centenas e até milhares de jogadores simultaneamente) chamado *Game Neverending* [Jogo sem fim], descobriu por acaso uma nova aplicação. Um dos programadores da empresa tinha criado uma ferramenta que permitia ao usuário salvar uma fotografia ou imagem da tela enquanto jogava e carregá-la num website. As características posteriormente incorporadas ao Flickr, e que o diferenciavam dos sites já existentes de compartilhamento de fotos, eram permitir a qualquer pessoa que visitasse o site o acesso à fotografia e, o que é mais importante, a possibilidade de marcar a foto ou adicionar uma descrição textual (*tag*) por meio da qual qualquer pessoa poderia localizar a fotografia. Se eu estivesse em Paris e tirasse uma foto da Torre Eiffel, por exemplo, e carregasse minha fotografia no Flickr e adicionasse uma *tagging* (etiquetagem ou identificação), qualquer busca pesquisando

"Torre Eiffel" encontraria a minha fotografia, juntamente com 152 mil outras fotos do mesmo ponto turístico.[24]

Essa mudança simples, permitindo a todos os usuários o acesso a fotos de qualquer pessoa, juntamente com a ideia de fazer fotos (e mais tarde vídeos, por meio do YouTube, e sites marcados como favoritos através do del.icio.us, para nomear apenas alguns), criou um efeito bola-de-neve semelhante ao que permitiu que a Wikipedia ultrapassasse a Encarta e outras enciclopédias.

Novembro de 2005 foi o ponto de inflexão na adoção da web 2.0. Foi o mês em que o YouTube, em apenas algumas semanas, ultrapassou o Google Videos e o Yahoo! Videos, tornando-se o mais popular site de vídeos da internet. Os criadores mundiais de conteúdo, tais como as editoras de revistas e jornais, executivos de televisão e um punhado de outros começaram a se perguntar se essa nova versão da internet, que possibilitava aos consumidores gerar e compartilhar qualquer forma de conteúdo, colocaria em perigo a tradicional indústria da comunicação. Mas seria mesmo sensato esperar que todo o mundo mergulhasse de cabeça nessa nova tendência de criação e compartilhamento? Antes de responder a essa pergunta, temos de fazer um rápido desvio de rota e voltar a Paris na virada do século passado.

***

A substituição das mídias tradicionais pela atividade blogueira e o conteúdo gerado por participantes nos sites de web 2.0 pode ser o anúncio da morte do Princípio de Pareto, pelo menos no que diz respeito a quem produz e quem consome informação no mundo de hoje. No final do século XIX, um economista franco-italiano, Vilfredo Pareto, líder da Escola de Lausanne, observou que na Itália 80% da renda do país ficavam nas mãos de 20% da população, e também observou que 80% da riqueza se concentravam entre 20% de seus cidadãos. Somente no século XX, um engenheiro industrial da Western Electric chamado Joseph Juran aplicou a constatação de Pareto, desenvolvendo o chamado "Princípio de Pareto", ou a "lei dos poucos vitais", em sinal de reconhecimento e respeito para com a observação original de Pareto.

A aplicação mais popular da regra 80/20 é a observação de que 80% dos lucros de uma empresa são gerados por 20% de seus clientes, mas a regra também se aplica a outras incontáveis situações de negócios, tais como o gerenciamento do tempo (use o tempo nos 20% das tarefas responsáveis por 80% dos resultados), e o controle de qualidade (resolva os 20% de problemas que resultam em 80% de defeitos).

Com a distribuição de conteúdo pela internet sob a forma de downloads de música digital, blogs e segmentos de foto e vídeo criados por usuários, a regra 80/20 pode ter se tornado uma relíquia dos tempos da economia à base de tijolos e argamassa. Conforme escreveu Chris Anderson em um artigo publicado na revista *Wired*,[25] e mais tarde em seu livro *The Long Tail* [A longa cauda], quando pensamos em como a distribuição de conteúdo mudou na economia da internet, é fácil, diante de uma pergunta sobre as vendas de músicas on-line, por exemplo, querer aplicar a regra 80/20. "Fomos treinados para pensar dessa maneira", afirma Anderson. "A regra 80/20 está por toda parte." Em seu artigo ele cita o exemplo de Robbie Vann-Adib, executivo-chefe da Ecast, empresa de venda de músicas digitais. Quando perguntado sobre que porcentagem dos 10 mil principais títulos de qualquer acervo de mídia on-line seria vendida ou alugada ao menos uma vez por mês, a resposta de Vann-Adib não é o que a regra 80/20 nos levaria a crer (20%, de acordo com o conceito de Juran): é 99%.

Jakob Nielsen, usualmente tido como o pai da usabilidade on-line, e autor de diversos livros sobre o tema, abordou o tópico em boletim on-line *Alertbox*.[26] Nielsen percebeu que nas grandes comunidades e redes sociais on-line existe uma divisão entre os usuários. Há usuários que contribuem ativamente e há aqueles a quem Nielsen se refere como "espreitadores". Ele descreveu o fenômeno como "desigualdade de participação" e desdobrou a divisão dos visitantes de sites sociais on-line num esquema 1-9-90, em oposição à distribuição 80/20 de Juran. De acordo com Jakob Nielsen, 90% dos usuários on-line são espreitadores, ou usuários que visitam comunidades on-line mas não contribuem; 9% contribuem de vez em quando; e apenas 1% contribui de maneira ativa e constante.

Nielsen vai além e comenta que em termos de blogs a desigualdade na participação ativa é ainda pior, possivelmente beirando menos de 0,1% dos usuários da internet. É irônico que o conceito de mídia gerada pelo consumidor, descrito pelos meios de comunicação como uma força democratizante que fortalece os consumidores e dá a eles voz ativa na conversa, em oposição ao papel de mero coadjuvante passivo, seja de fato limitado a uma fração bastante pequena dos visitantes da internet.

Movidos pelo interesse de descobrir mais sobre a noção de desigualdade de participação de Nielsen, investigamos os elementos participantes em três sites da web 2.0: YouTube, Flickr e Wikipedia. Para tanto, usamos uma das ferramentas que temos à nossa disposição: o exame das mudanças que ocorrem quando um visitante de um desse sites participa carregando conteúdo (no caso do YouTube, fazendo o upload de um vídeo; no Flick, carregando uma foto; e na Wikipedia, editando um verbete).* Uma vez identificado o endereço de cada uma dessas atividades, autorizamos o

* Fazer o upload de um arquivo é o ato de transferir o arquivo de um computador para um computador remoto, usando qualquer protocolo de comunicações. Em português, o verbo *to upload*, em geral traduzido como "carregar" ou "transferir", também é grafado como "uplodear" e, na forma mais coloquial, "upar". (N. T.)

sistema a coletar dados por um período de quatro semanas. Com isso conseguiríamos quantificar a participação dos usuários nos três maiores sites da web 2.0. Mas o aspecto muito mais empolgante era a oportunidade de descobrir "quem" estava por trás da web 2.0, ou a diferença entre um usuário estático (ou espreitador), um participante ocasional, e um contribuidor de peso.

Nosso primeiro mês de dados confirmou o artigo de Jakob Nielsen. No caso do YouTube, de todas as visitas ao site — os dados se referem aos usuários da internet nos EUA —, apenas 0,16% foi identificada como uploads de conteúdo de vídeo. Para o Flickr, 0,18% das visitas foram marcadas como uploads de fotografias, e as demais visitas eram simplesmente visualizações do vasto conteúdo de fotos carregadas. Já os dados da Wikipedia mostraram algo bastante diferente. Mais de 3,5% das visitas à enciclopédia foram identificados como alguém digitando conteúdo depois de clicar em "editar este texto". Então, qual é a explicação para a diferença de porcentagem na participação quando comparamos a Wikipedia ao YouTube e ao Flickr?

A explicação mais plausível é a de que há uma escala móvel implícita na regra 1-9-90 que depende da complexidade de participação num aplicativo particular. O esforço exigido para carregar um vídeo caseiro no YouTube é bastante diferente da simplicidade de clicar na janela da Wikipedia e editar um verbete. Com base nas observações desses dados ao longo de vários meses, chegamos à nossa própria regra 1-9-90, uma variação da regra original de Nielsen. De acordo com nossos dados, descobrimos que menos de 1% de todas as visitas a sites da web 2.0 são atribuíveis a mídias geradas por consumidores (tais como os vídeos carregados no YouTube); 9% (número que na verdade pode variar entre 3% e 9%, com base na complexidade) são visitas em que os usuários interagem com conteúdo criado por consumidores, editando ou adicionando comentários; e 90% continuam sendo visitas de espreitadores, em que os usuários da internet acessam passivamente conteúdos sem interação alguma.

Uma pergunta que me fazem de maneira recorrente é se a regra 1-9-90 é uma função de complexidade técnica. Colocando em outros termos: à medida que fica mais fácil criar e carregar conteúdos, o 1% de usuários que contribuem ativamente vai aumentar, ou o número é uma função do desejo de carregar e criar conteúdos, a despeito da complexidade? Para responder a essa pergunta, poderíamos rastrear as porcentagens para cada grupo ao longo do tempo. Se partirmos do pressuposto de que criar e carregar conteúdos vai ficando cada vez mais fácil com o tempo, e se as porcentagens se mantêm constantes durante o mesmo intervalo de tempo, então é provável que as porcentagens sejam uma função do desejo de contribuir, o que, com base num conjunto de dados coletados num período de seis meses de forma pouco rigorosa, parece ser o caso. Outra maneira de tratar a questão é responder à pergunta sobre "quem" é a web 2.0.

Quando examinamos as visitas *versus* a participação no caso de dois sites, YouTube e Wikipedia, podemos ver que há claras diferenças entre quem participa com base em dados demográficos tais como idade, gênero e classe socioeconômica. Para os visitantes da Wikipedia, não existe diferença de gênero: tanto os visitantes como os editores de conteúdo se dividem igualmente entre homens e mulheres. Há, contudo, uma diferença significativa. No caso dos espectadores, existe um grande contingente de usuários entre 18 e 24 anos de idade, constituindo quase 25% dessas visitas. Quando estreitamos nosso campo para abarcar apenas visitantes que editaram um verbete da Wikipedia, o grupo de usuários entre 18 e 24 anos cai para 17%. Ao mesmo tempo, os editores de verbetes tendem a ser mais velhos, sendo que 41% têm mais de 45 anos (no geral, os usuários de mais de 45 anos compõem apenas 33%). Os dados parecem nos dizer que a demografia da Wikipedia é um caso de "velhos ensinando aos mais jovens". O mais interessante e intrigante é a diferença em termos de classe socioeconômica. Entre os usuários de classe média da enciclopédia, os que vivem nos subúrbios, cidades pequenas e áreas rurais estão mais propensos a editar verbetes do que a média de visitantes do site, incluindo a classe média urbana.

Entre os usuários do YouTube, há uma clara diferença de gênero entre visitantes e participantes (que carregam vídeos). No caso dos visitantes, há uma divisão relativamente uniforme (51% de homens e 48% de mulheres), ao passo que entre os usuários que carregam vídeos a participação masculina é de 58%, contra 42% de mulheres. Quando examinamos a divisão etária para os dois tipos de usuário, de início é surpreendente ver que o grupo predominante de participantes é o que varia entre 45 e 54 anos. Para entender esse pico de idade inesperado, é importante saber o período de tempo em que os dados foram obtidos e decompor em fatores uma das complexidades da medição de dados on-line. Essa estatística particular vem de um conjunto de dados da primavera de 2007. Durante a semana de recesso escolar (março, especificamente), bem como nos recessos de verão e inverno, vemos picos nesse grupo particular para o YouTube. O mais provável é que sejam reflexo das visitas à internet de jovens universitários usando o computador dos pais durante a semana de folga.

A outra diferença interessante entre visitantes e carregadores de material no YouTube é o lugar onde vivem. Quando comparamos visitantes passivos aos que participam ativamente disponibilizando vídeos on-line, vemos que os mais propensos a carregar material são os visitantes de cidades pequenas e áreas rurais, e não a sua contraparte rural e suburbana. Será que os usuários rurais têm nas mãos o luxo do tempo extra ou menos distrações?

***

O que você pode fazer quando conta com mil amigos? Essa não é uma pergunta que eu esperava fazer a mim mesmo enquanto escrevia este livro, mas quando vi lá estava eu com pouco mais de mil amigos no meu perfil do Facebook. À medida que eu acompanhava a ascensão do MySpace em 2003, e depois o surto do Facebook durante 2005-2006, minha análise do fenômeno era feita com o olhar desapaixonado de um observador distante. Eu quase conseguia entender parte do frisson e do espalhafato alardeado pela mídia com relação à mudança de paradigma que as redes sociais estavam provocando. Ao mesmo tempo, eu tinha a sensação de que não estava compreendendo de fato. Precisava saber em primeira mão o que havia de tão inovador numa tecnologia que faria com que a Microsoft investisse 580 milhões de dólares por apenas 1% do Facebook. Decidi então que precisava mergulhar pessoalmente nessa nova tendência.

Criei meu próprio perfil do Facebook em questão de minutos, e me lancei à tarefa de convidar amigos. Depois de vasculhar todas as listas de endereços on-line, e percorrer as galerias à procura de amigos com quem perdera o contato, cheguei ao ponto de esgotar a minha lista com insignificantes 124 amigos potenciais. Comecei a entender o fogo competitivo que arde nas entranhas de um *facebooker*, um usuário contumaz do Facebook. Eu não acreditava que estivesse saboreando a verdadeira experiência. Meus amigos do Facebook eram em sua maioria da minha idade ou atuavam em meu ramo de atividade, e fiquei com a sensação de que quase nenhum de nós tinha a menor idéia do que estávamos fazendo naquele site, ou do que faríamos agora que estávamos ali e precisávamos de mais amigos, especificamente de alguns capazes de compreender o novo fenômeno.

Numa de minhas colunas semanais para a *Time*, decidi escrever sobre a natureza viciante do Facebook. No final da coluna, depois da minha assinatura, convenci meu editor a acrescentar uma linha afirmando que eu tinha apenas 124 amigos no Facebook, pedindo a quem por acaso estivesse passando por ali que me mandasse uma solicitação ou convite. Em uma semana minha lista já tinha subido para 850 amigos, e em um mês já eram mais de mil, entre eles gente do mundo inteiro, incluindo Europa, Ásia e África. Eu também tinha adicionado um número significativo dos usuários por excelência do Facebook: os estudantes universitários.

Durante o processo de conhecimento mútuo, eu e meus novos amigos trocamos mensagens (tudo no âmbito do serviço do próprio Facebook). O mote para a maior parte de minhas conversas era o fato de que as redes sociais, especificamente o Facebook, estavam mudando a maneira como a geração mais jovem passou a usar a internet. Com o advento das redes de amigos e a atualização do status (a possibilidade que o usuário tem de postar em seu perfil uma frase curta para explicar o que está fazendo naquele momento particular, coisas como "estou trabalhando" ou "estou ocupado em um projeto de trabalho"), os usuários do Facebook podem esquadrinhar rapidamente sua rede inteira de amigos e comunicar-se com muito mais eficiência.

De fato, os dados corroboram o que meus amigos do Facebook estavam me dizendo. Se examinarmos o gráfico a seguir, representando a participação de mercado das visitas a serviços de e-mail (Yahoo! Mail, Hotmail e Gmail) — que com base nesse critério eram até recentemente a categoria mais popular de websites —, concluímos que no verão de 2007 as visitas a redes sociais tinham ultrapassado pela primeira vez o e-mail.

Participação de mercado de visitas a categorias de serviços de e-mail e redes sociais

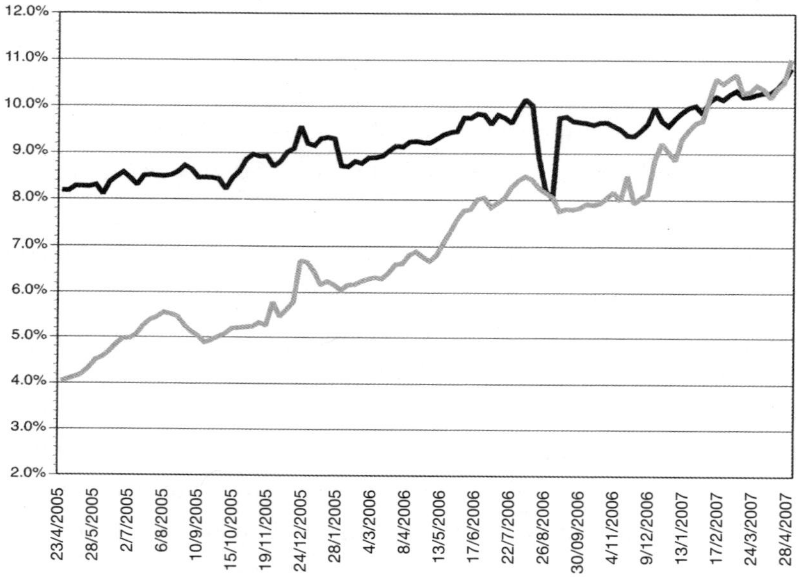

serviços de e-mail — redes e fóruns sociais — **Fonte: Hitwise.**

Uma de minhas novas amigas, Lauren, uma norte-americana vivendo na Suíça, oferece um bom exemplo de como a vida mudou desde o tempo em que os pais dela se comunicavam por meio da "correspondência lesma" até o grau de conectividade que as redes sociais trouxeram para o relacionamento com seus pares.

> Uma coisa que eu acho fascinante na geração FB/MySpace é o toque de intimidade em nossos relacionamentos românticos. Nunca antes houve uma época em que podíamos saber tanto sobre a pessoa com quem estamos envolvidos. Sabemos quando ela está on-line, com quem está conversando, qual é sua citação favorita da série *Family Guy* [Uma

família da pesada], ou se prefere chamar a atenção* de outra pessoa ao invés de nós. Muitos de meus amigos, tanto homens como mulheres, são perseguidores declarados de seus amigos mais próximos no FB. Tentar invadir o perfil de alguém no FB e espiar mensagens são pequenos crimes cometidos em nome da intenção de "bom, eu só queria saber com quem eles estão falando". Meus pais esperavam semanas para ter notícias um do outro por carta quando meu pai era mobilizado a serviço do exército. Mas eu sei o exato momento em que meu namorado se senta na frente do computador.

Toda essa enxurrada de informação em nossa vida levanta a questão: será que um dia chegaremos ao ponto de ter informação demais?

***

Antes de pôr os pés no lugar, antes mesmo de ter embarcado no avião para Londres, eu já sabia tudo que precisava saber sobre meu hotel. Sabia que meu quarto teria dois níveis, que haveria cinco degraus desde a plataforma junto à porta da sala até a suíte abaixo. Sabia que o banheiro teria piso aquecido, e que quando eu entrasse no banheiro pisaria em ladrilhos de mármore verde, o chuveiro estaria à direita, e eu encontraria grandes frascos de produtos de banho Molton Brown. Eu sabia o nome e a descrição física de cada um dos funcionários da recepção, e sabia que Verônica era a pessoa certa para perguntar sobre lugares para comer, já que ela conhecia todos os melhores restaurantes indianos

* No original, *poke*, verbo que significa "empurrar", "cutucar", "esmurrar", "remexer", "atiçar". O recurso *poke* do Facebook é uma forma do usuário interagir com os amigos, de atrair a atenção de outro usuário, dizer "Olá" ou fazer uma "investida sexual". (N. T.)

na área de Knightsbridge. Na manhã seguinte, quando o desjejum foi servido na área de jantar do porão, eu já sabia a melhor hora para chegar e conseguir uma boa mesa, e sabia que, mesmo estando em Londres e não em Paris, deveria pular o típico bolinho de aveia grelhado e ir direto aos croissants. (Embora nunca tenha aparecido no salão de jantar, a chef preparava ali mesmo os pães e era parisiense.)

Obtive todas essas informações em questão de minutos, visitando apenas um site, o TripAdvisor.com, surgido em 2000, e mais tarde, em 2004, adquirido pela empresa de viagens on-line Expedia. Especializado em hotéis, o TripAdvisor afirma ter mais de dez milhões de críticas sobre mais de 200 mil hotéis em 28 mil cidades. O site possui até mesmo 825 mil fotos enviadas por usuários, abrangendo 53 mil hotéis.

Até que ponto o TripAdvisor influencia a indústria de viagens on-line? Dos 2.700 sites compilados na categoria "viagem" da Hitwise, o TripAdvisor manteve de maneira consistente nos três últimos anos a posição número 1 ou número 2, recebendo mais visitas do que qualquer outra rede hoteleira ou qualquer destino ou resort. Numa conferência de viagens em Barbados (as empresas de viagem sempre escolhem os melhores lugares para realizar as conferências do setor), entre uma palestra e outra tive a chance de conversar com o executivo de uma rede de hotéis cinco-estrelas. Em minha fala eu havia mencionado o TripAdvisor, e comentado de que maneira o site fortalecera os consumidores, municiando-os com um fluxo de informações jamais antes experimentado. "Sabe de uma coisa — ele disse — no passado eu podia confiar apenas na minha marca para garantir a lotação do meu hotel (o hotel dele tinha marca de reconhecimento internacional que era sinônimo de qualidade cinco-estrelas). Mas hoje em dia minha marca já não significa tanto e minha classificação AAA não é muito útil. Vejo que passo a maior parte do meu tempo conferindo minha nota no TripAdvisor."[27]

O que o executivo tinha percebido, e o que quase todas as redes de hotéis perceberam desde então, era que a transição da web — de um meio estático para um lugar em que os consumidores podiam publicar seu próprio conteúdo na forma de críticas e fotografias — estava tendo um efeito dramático no setor hoteleiro. O mundo 1.0 da categoria viagem, ou a primeira geração de websites de viagem que permitiam aos usuários comparar preços de hotéis por meio de múltiplas agências, era a melhor opção que os consumidores tinham para encontrar os preços mais baixos em hospedagem. Em essência, os sites de viagens acabaram com uma tremenda ineficiência de mercado. Os consumidores, agora com condições de pesquisar as qualidades em que estavam interessados, já não dependiam mais de uma agência de viagens ou da recepção de um hotel para encontrar os melhores preços.

Mas nessa segunda transição, a versão da web 2.0 da categoria viagem, a adição de grandes quantidades de críticas e comentários sobre hotéis essencialmente comoditizou os quartos de hotéis. Se antes de reservar um quarto eu já sei o quanto todo o mundo está pagando (pesquisa que faço usando Hotels.com, ou uma máquina de busca com Kayak ou Mobissimo) e sei o que estou obtendo por cada dólar — a qualidade do serviço, a condição do quarto, até mesmo a marca dos produtos de banho —, como consumidor estou armado com a informação perfeita.

O termo "informação perfeita" é um conceito usado na teoria dos jogos e na economia para descrever o estado em que duas partes estão jogando um jogo que tem movimentos sequenciais e em que cada parte sabe exatamente quais movimentos foram feitos para se chegar até o movimento corrente (xadrez e enxadristas são excelentes exemplos de informação perfeita). D. W.

MacKenzie, professor de economia na Universidade Estadual de Nova York, em Plattsburgh, encontrou uma maneira bastante acessível de explicar o conceito de informação perfeita: o filme *Groundhog Day* [O feitiço do tempo].[28] No filme, o personagem principal, interpretado por Bill Murray, revive o mesmo dia do ano, o Dia da Marmota, múltiplas vezes, numa sucessão. De início, Murray toma algumas decisões erradas, principalmente envolvendo um potencial interesse amoroso. Mas, uma vez que continua a viver o mesmo dia, já sabe o que vai acontecer. Assim, com base em sua própria informação perfeita, tem condições de tomar decisões com a certeza do resultado final.

Os internautas que visitam o site TripAdvisor ou outras páginas de comentários e críticas gerados por consumidores podem se ver numa situação semelhante à de Bill Murray. Por poderem ter acesso a informação sobre dezenas, ou talvez centenas de hotéis, podem começar a formar uma base de conhecimento acerca do que exatamente podem esperar. Combinando a pesquisa sobre os melhores preços com o conhecimento da experiência, o consumidor pode agora tomar uma decisão independentemente da marca do hotel. Mas há um problema: a informação perfeita é uma teoria, isto é, o verdadeiro estado de informação perfeita é inalcançável na vida real.

Se existem vários impedimentos no que diz respeito a chegar à verdadeira informação perfeita, duas questões predominam quando examinamos a questão à luz dos comentários e críticas gerados por consumidores. Em primeiro lugar, a suposta informação perfeita depende dos motivos do consumidor e da sua capacidade de fornecer informações precisas. Para fomentar a participação, quase todos os sites dão ao usuário a opção de fornecer informações com total anonimato. Algumas pessoas podem até ser sinceras fazendo uso da identidade protegida por sigilo (sentindo-se mais confortáveis ao escrever uma crítica brutalmente honesta sobre um restaurante local sem a expectativa de represálias caso voltem a jantar ali no futuro), mas outras pessoas poderão usar o anonimato como licença para elaborar comentários que distorcem a verdade. Como Peter Steiner imortalizou em sua famosa charge na revista *New Yorker* retratando dois cães conversando enquanto um deles usava o computador: "Na internet ninguém sabe que você é um cachorro".[29]

Conversando com gente importante dos setores de viagens e hotelaria, ficamos sabendo que há duas motivações suspeitas por trás de dois tipos de falsas críticas: o comentário pago ou tendencioso e o ataque pessoal. Muitos proprietários de hotéis e restaurantes desconfiam que outros empresários do setor usem o anonimato para inflar as avaliações de seus próprios estabelecimentos. Por outro lado, alguns se queixam de que seu bom nome pode ser manchado por conta de um único comentarista que faz ataques verbais por alguma coisa que poderia ser explicada como um mero mal-entendido. E, no pior dos casos, alguns donos de hotéis e restaurantes alegam que os empresários rivais tentam propositadamente diminuir a cotação de um concorrente postando de forma anônima comentários negativos.

Um outro problema, mais benigno, é a questão do ponto de vista. Os comentaristas e críticos de produtos e serviços agregam suas perspectivas individuais aos textos e avaliações que publicam em sites como o TripAdvisor e o novato Yelp.com. E, à medida que os usuários da internet incorporam cada vez mais as críticas de consumidores em oposição a críticas profissionais em suas escolhas de produtos e serviços, a questão do ponto de vista pode ser crucial.

O Yelp teve início no verão de 2004, obra dos amigos Jeremy Stoppelman e Russel Simmons. O site se anuncia como "uma maneira de encontrar, comentar, criticar e conversar sobre as boas coisas do nosso mundo". Assim como o TripAdvisor, o conteúdo do Yelp é baseado em comentários e críticas de usuários. Mas no Yelp os usuários comentam tudo: restaurantes, bares, lavanderias, dentistas, médicos, e mesmo o próprio Yelp. Um restaurante movimentado numa área metropolitana como São Francisco pode acumular centenas, às vezes milhares de comentários, e os usuários atribuem à sua crítica uma cotação de um a cinco, juntamente com a narrativa de sua experiência.

Se observarmos a psicografia dos visitantes do site Yelp.com, o problema do ponto de vista torna-se bastante claro. Usando a segmentação MOSAIC da Experian para examinar o Yelp, o grupo mais numeroso de pessoas que visitam o site faz parte do grupo "H", ou "jovens contemporâneos". Esse grupo é composto basicamente de jovens entre 18 e 24 anos. De acordo com o MOSAIC, eles tendem a ser "grandes fãs de cultura, que gostam de peças, filmes, quadrinhos e bandas". Uma vez que, enquanto grupo, "foram criados na tecnologia, são profundos conhecedores da internet e passam seu tempo livre on-line, em salas de bate-papo, lendo anúncios classificados de empregos, enviando mensagens instantâneas, fazendo lances em sites de leilões e visitando sites de namoro e relacionamento".

Ainda que esse grupo seja provavelmente o mais propenso a visitar e postar comentários e críticas, seus membros podem ser um pouco diferentes de um outro grupo fundamental na segmentação MOSAIC que gosta de passear pelo site: o grupo "A", chamado de "suburbanos afluentes". Os membros desse grupo tendem a ser famílias formadas por *baby boomers* (a geração nascida no pós-Segunda Guerra Mundial, entre 1945 e 1952) e seus filhos mais velhos. Em geral ocupam cargos gerenciais, administrativos e executivos, com interesses que incluem administração financeira, viagens e culinária gourmet.

Imagine como a crítica a um mesmo restaurante pode ser diferente se for feita por um jovem contemporâneo de vinte e poucos anos em contraste com um suburbano afluente de 48. Um ato simples como tirar os pratos da mesa pode resultar em experiências radicalmente divergentes e críticas diametralmente opostas, cada qual se originando de um ponto de vista diverso.

Os restauranteurs divergem bastante entre si com relação ao que os atendentes devem fazer a respeito dos comensais de um mesmo grupo que terminam a refeição em momentos diferentes. A etiqueta tradicional reza que só é apropriado tirar os pratos depois que todos tenham terminado. Se nosso típico suburbano afluente jamais experimentou nada diferente disso, ele provavelmente interpretará a retirada individual dos pratos dos comensais como uma tentativa da parte do garçom de apressar a liberação da mesa. Por outro lado, um jovem contemporâneo pode não estar tão familiarizado com a velha etiqueta dos restaurantes. Após terminar sua refeição bem antes de seus amigos, ele pode ter posicionado o garfo e a faca no centro do prato, sinalizando que já acabou, e que está esperando que um atendente o retire imediatamente. Nosso jovem contemporâneo talvez fique em silêncio, enfurecido, escrevendo uma mensagem de texto ou checando e-mails em seu Blackberry sob a mesa, perguntando-se por que um restaurante com tantas críticas tem, em sua opinião, um serviço tão negligente.

Ao voltar para casa, cada um de nossos comensais pode acessar um site de críticas como o Yelp. Um deles vai comentar sobre o serviço excelente, cinco-estrelas, ao passo que o outro vai fazer uma apreciação crítica sobre o fato de que mal consegue acreditar que aquele restaurante possa ter recebido críticas tão boas com um serviço tão indiferente.

A web 2.0 ainda é considerada uma expressão da moda, um jargão técnico de efeito para impressionar os leigos. Porém, surpreendentemente, a indústria já está discutindo a web 3.0. Nos dois últimos anos, a web 2.0 deu passos largos e incríveis, levando-nos de um meio estático a um universo que encoraja a todos a participar. Mas o movimento criou também desafios únicos, que essencialmente dizem respeito a como lidar com a colossal quantidade de conteúdos disponíveis. Se eu pudesse apostar meu voto na web 3.0 tendo por base o conteúdo gerado pela web 2.0, o que vejo é a necessidade de criação de um método de filtragem de toda essa informação em busca de similaridade de pontos de vista, reputação e precisão. Até que isso ocorra, todo o conteúdo corre o risco de tornar-se um amontoado de ruído, no qual, no futuro, podemos nem nos dar o trabalho de confiar.

Se eu tivesse de identificar o setor de atividade econômica que sofreu o golpe mais duro com a internet, escolheria a indústria dos jornais. De uma perspectiva dos lucros, os jornais perderam milhões de dólares de assinaturas para as notícias gratuitas disponíveis na rede. Os lucros provenientes dos anúncios classificados também sofreram um impacto significativo por conta de sites de leilões como o eBay, e classificados on-line como o Craigslist. Até mesmo os obituários sentiram a concorrência dos memoriais alternativos.

O maior impacto de todos no modelo da indústria de jornais teve a ver com uma questão de oportunidade: em vez de ler as notícias uma única vez no dia, as pessoas passaram a ter a opção de ler um fluxo contínuo de notícias constantemente atualizadas e, além disso, gratuitamente disponíveis na internet. Quando o jornal chega pela manhã à minha porta da frente eu já sei tudo sobre o terremoto na Ásia, o último escândalo político em Washington, e as notícias locais da minha cidadezinha, San Mateo. Mesmo os editoriais e colunas já foram consumidos enquanto eu como meu cereal matinal. E o problema não para por aí.

Juntamente com os tradicionais meios noticiosos on-line, estamos adotando fontes alternativas on-line para ter acesso às nossas notícias diárias, lendo blogs políticos em vez da cobertura política no papel, blogs de celebridades como PerezHilton.com *versus* a seção "Estilo de Vida" do jornal. O que um setor da economia tem a fazer quando todo seu valor está em pleno processo de ser substituído por uma fonte que é virtualmente gratuita para o consumidor? Como a maior parte dos jornais descobriu, a resposta está em encampar o modelo, oferecendo a maior quantidade possível de conteúdo na rede, e mudar o modelo de negócio para depender cada vez mais dos lucros de publicidade on-line e não mais das taxas de assinatura e da publicidade impressa.

Alguns jornais foram além, decidindo encampar o conceito de web 2.0 e abrindo as comportas para a participação do consumidor. Para alguns, a estratégia foi um tiro que saiu pela culatra.

Certa vez, no escritório de um cliente com um jornal de grande circulação, em uma reunião com a sua equipe de executivos, demonstrei que nossos dados indicavam que desde que o jornal incorporara em seu website o conteúdo gerado pelos usuários tinha perdido quase metade de seu público leitor on-line, caindo dramaticamente em nossos rankings. Acontece que o jornal, acreditando no modismo da participação dos usuários, tinha decidido alterar radicalmente seu website, de modo a torná-lo "mais 2.0". O que a equipe de executivos não tinha levado em conta na hora de tomar sua decisão foi a regra 1-9-90 de Jakob Nielsen, aplicando em vez disso o mais amplamente aceito Princípio de Pareto, calcado na escala 80-20.

Para piorar as coisas, os segmentos psicográficos que compunham o público leitor on-line desse jornal não eram os mais propensos a contribuir com conteúdo gerado por usuários. De fato, os segmentos mais importantes do público leitor eram os consumidores constantes de notícias em seu formato tradicional, o jornal que era entregue em sua porta todas as manhãs.

Apressar a inserção no mundo da web 2.0 não é um aspecto específico da mídia impressa. Já vi situações semelhantes se desenrolando nas áreas on-line de vendas no varejo, viagens e serviços de namoro e relacionamento, para citar apenas algumas. Há também exemplos de empresas que adotaram de maneira bem-sucedida os conteúdos gerados pelo consumidor, o que seus leitores e clientes aceitaram de todo coração. Essas empresas afortunadas ou entenderam o "quem" da web 2.0, ou tiveram sorte suficiente para conseguir a mistura certa de segmentos dos early adopters para encampar a mudança.

PARTE 2

O QUE É POSSÍVEL FAZER COM O QUE SABEMOS

Capítulo 8

A obsessão pelos dados e a conexão televisão-internet

Ali sentado à mesa, esperando minha vez de falar, amaldiçoei a mim mesmo por deixar tudo para a última hora. Eu ainda não tinha uma introdução para meu discurso de doze minutos sobre "Panorama das Máquinas de Busca", e só terminara de aprontar meus slides naquela manhã, poucos minutos antes do início da sessão. A introdução era a parte mais importante. O salão de baile do Hilton de Nova York estava lotado. A Conferência de Estratégias de Máquinas de Busca de Nova York, reunião de especialistas em buscadores e profissionais on-line, se tornara um dos eventos mais populares do ano. Como um dos mais lucrativos setores on-line, as máquinas de busca causavam um burburinho e tanto, que mais parecia a familiar bolha da internet. Assim que começaram as palestras, constatou-se que havia mais gente do que cadeiras, o que obrigou os mais atrasados a se sentar nos corredores e no chão em frente do palco para ouvir o que três analistas fanáticos por dados tinham a dizer, e para assistir a slides de PowerPoint abarrotados de dados sobre o que estava acontecendo com a indústria dos mecanismos de busca.

Quando o primeiro orador estava terminando seu discurso, caiu a ficha. Por ser a primeira vez em que eu falaria naquele evento, minha expectativa era de que meu painel atraísse uma plateia semelhante em tamanho à da conferência farmacêutica na Filadélfia, em que eu tinha falado na semana anterior, numa sala parecida com uma pista de boliche, e que recebera escassas trinta ou quarenta pessoas interessadas em ouvir gente falando sobre dados. E agora ali estava eu, inesperadamente sentado diante de uma multidão de trezentas a quatrocentas pessoas, prestes a discursar sobre os mesmos dados.

Menino criado no sul da Flórida, desde cedo eu já adorava dados. Enquanto as outras crianças da minha vizinhança se divertiam com jogos e esportes no clima ensolarado da Flórida, eu me encantava em encontrar padrões em números. E tinha um interesse ainda maior na ausência de qualquer padrão: números como o pi (π), cujos dígitos prolongavam-se de forma aparentemente irracional até o infinito sem sombra de repetição. A diferença é que quando eu era menino os dados eram definitivamente "sem graça", ao passo que hoje, se é que a plateia presente àquela conferência servia como indicador de alguma coisa, os dados eram uma coisa extremamente "legal" — ou talvez eu é que estivesse no lugar errado.

Enquanto caminhava até o microfone para começar minha apresentação, decidi que iniciaria com uma confissão ao estilo dos Alcoólicos Anônimos: "Meu nome é Bill Tancer e adoro dados". Ouvi algumas risadas nervosas na plateia (achei que algumas pessoas estivessem planejando sair rapidamente e escapar para outra sessão). Deixei a coisa fluir e prossegui no mesmo tom. Falei sobre minha infância e sobre como meu amor pelos dados pode ter feito com que eu parecesse um sujeito "sem graça", mas que agora os dados aparentemente eram uma coisa "bacana". Ouvi risadinhas do público e passei a apresentar meus gráficos. Mas no final da minha fala aconteceu uma coisa engraçada. Algumas pessoas vieram conversar sobre os slides, e quando um homem me entregou seu cartão de visita, ele disse em voz baixa, quase num sussurro: "Ei, eu também adoro dados".

Naquele ano, a frase de introdução "eu adoro dados" tornou-se a abertura-padrão das minhas palestras. A cada discurso, os "amantes de dados" iam saindo do armário e se assumiam abertamente como tal, o que culminou no meu retorno à mesma conferência um ano depois, quando os amantes de dados começaram a escrever "adoro dados" nos cartões de visita que me entregavam, ou "os dados são o novo pretinho básico". À medida que as estatísticas da internet se espalhavam para fora dos limites dos escritórios de tecnologia da informação e departamentos de marketing, predominantemente na forma de estudos centrados em sites (o uso de estatísticas disponíveis sobre seu próprio website), cada vez mais as pessoas se aventuravam no mundo dos dados.

Um ano depois, enquanto preparava minha fala para a Conferência de Máquinas de Busca (mais uma vez na mesma manhã do evento), pensei nos slides do ano anterior. Eu tinha apresentado estatísticas mostrando em que pé estavam as principais máquinas de busca e algumas informações sobre demografia, e apresentara categorias novas e com boas perspectivas de êxito, tais como a busca vertical (máquinas de busca especializadas em categorias específicas, tais como buscadores de comparação de compras, como Shopzilla e Shopping.com, busca local e busca de viagem). Mas naquele ano eu mexeria com um dos conjuntos mais ricos de dados da internet, os próprios dados de busca. Para um período qualquer de quatro semanas tínhamos milhões de termos de busca únicos em nossa base de dados, todos arranjados em ordem de volume de buscas por cada termo. Como John Battelle descreveu em seu livro *The search* [A busca], eu tinha acesso à "base de dados de intenções", uma coleção do que a nossa amostra de usuários da internet estava procurando dia após dia. Battelle descreve a coisa da seguinte maneira: “Essa informação representa, em forma agregada, um depósito de intenções da humanidade — um gigantesco banco de dados, desejos, necessidades, vontades e gostos que pode ser descoberto, arquivado, rastreado e explorado para todo tipo de finalidade”.

Vamos começar no topo da lista do fluxo de pesquisas, examinando as dez principais buscas digitadas nas 55 máquinas de busca mais populares nos Estados Unidos (mais de 4,6 milhões de buscas) para a semana de 15 de dezembro de 2007.

1. MySpace
2. eBay
3. MySpace.com
4. Craigslist
5. Youtube
6. www.myspace.com
7. Walmart
8. Mapquest
9. Yahoo
10. Facebook

A primeira coisa que impressiona na lista é o fato de que uma marca, o MySpace, a rede social de maior sucesso, está representada três vezes entre as dez primeiras buscas. Ainda nos primórdios do MySpace já notamos essa ascensão na lista de termos de busca. À época, acreditávamos que aquilo que os usuários da internet digitavam numa máquina de busca, entre outras coisas, era uma grande medida de *brand equity*. Postulamos que a rápida ascensão das buscas pelo MySpace prenunciou a popularidade da rede social. De fato, de acordo com o exame desse último conjunto de dados, o MySpace é hoje a marca mais forte da internet.

Uma coisa que está visivelmente faltando na lista dos dez mais é a presença de qualquer termo genérico. Onde estão as buscas por "carros" ou "letras de canções" ou "músicas"? A resposta para essa pergunta é dupla. Uma coisa que se tornou bastante perceptível é o predomínio de buscas por domínios ("myspace.com") e buscas navegacionais ("www.myspace.com"). Já mostrei nossas listas dos termos de busca mais populares para muitos especialistas em ambiente online e para analistas das principais empresas de pesquisa, e a leitura que fizeram dos termos navegacionais foi contaminada de ceticismo. "Deve haver alguma coisa errada com seus dados", lembro-me de ouvir um analista dizendo. Mas depois de examinar os registros brutos de uma das principais máquinas de busca, sei que os usuários de fato digitam nomes de domínio, e às vezes até mesmo endereços inteiros da web. Por que alguém faria isso?

Há duas teorias, e meu palpite é o de que ambas estejam certas. Em primeiro lugar, alguns usuários da internet podem digitar o endereço completo numa máquina de busca por ignorar a diferença entre a barra de URL* (a barra de endereços em que se digita o endereço completo) e a caixa de busca, refletindo uma falta de sofisticação na hora de navegar pela internet.

A outra possibilidade é a de que as buscas por marcas e domínios sejam produto de navegadores bastante astutos. Os usuários mais avançados da web provavelmente redefinem sua página inicial para sua rede social favorita, ou uma máquina de busca como o Google. Se o Google é a página em que se inicia o navegador toda vez que o aplicativo se abre, é mais fácil digitar uma busca ("myspa-

* Sigla em inglês para *uniform resource locator* (localizador de recurso uniforme), padrão de endereçamento na internet que especifica o protocolo (http, ftp, gopher, etc.) a ser utilizado para acessar o recurso (arquivo, impressora etc.) no servidor em que está hospedado. É o mesmo que endereço de um recurso, disponível em uma rede, seja a internet ou uma rede corporativa (intranet). Um URL tem a seguinte estrutura: protocolo://máquina/caminho/recurso. (N. T.)

ce") ou nome de domínio ("myspace.com") na caixa de busca que mover o mouse para cima até a barra de endereços.

Ao longo do tempo vimos um aumento na sofisticação dos usuários que fazem buscas na internet. O número de palavras por pesquisa vem aumentando de modo constante nos últimos quatro anos. Isso mostra que os usuários da internet estão ficando mais confortáveis com a ideia de pedir mais de suas máquinas de busca. Se quatro anos atrás os usuários se contentavam em fazer buscas com termos amplos como "carro", com o tempo perceberam que podem refinar suas buscas para "Volvo S80", ou uma pesquisa mais específica como "Novo Volvo S80", ou uma busca local ainda mais sofisticada como "novo Volvo S8094402". Há três anos, apenas 14% de todas as buscas tinham mais de três palavras por pesquisa. Em 2007 esse número subiu para 23% do total de buscas.

A busca por um carro em particular, o Pontiac Solstice, demonstrou o poder dos dados da internet na medição de nossa resposta à televisão. Em abril de 2005, refestelado em meu sofá e com o laptop ao alcance da mão, eu estava assistindo ao episódio mais recente do reality show *O aprendiz*. Notei que o programa tinha chegado a novas alturas (ou novos pontos baixos, dependendo do ponto de vista) no que dizia respeito aos anúncios publicitários dos patrocinadores. Nesse episódio em particular, os competidores, empreendedores talentosos e bem-sucedidos divididos em duas equipes, receberam a incumbência de elaborar um folheto de divulgação publicitária do Pontiac Solstice. Durante o segmento, a Pontiac exibiu um comercial de sessenta segundos que fornecia aos espectadores um endereço da internet (www.pontiac.com/solstice) para que se cadastrassem, de modo a ganhar o direito de comprar uma das primeiras mil unidades do automóvel de edição especial. Anotei tudo rapidamente para verificar os dados quando fossem atualizados na semana seguinte.

Na semana seguinte, um gráfico de buscas ao "Pontiac Solstice" provou o quanto a campanha de marketing da GM havia sido eficiente. As buscas ao novo carro tinham quadruplicado com relação aos números da semana anterior. Esse simples gráfico demonstrou o potencial da medição da eficácia da colocação bem-feita de um produto no sentido de levar os consumidores para a rede e até mesmo a dar o passo seguinte na compra de um carro.[30]

No mundo tradicional da pesquisa de mercado, para entender se uma promoção foi eficaz é possível medir as vendas após a promoção, mas neste caso há de se enfrentar o problema de relacionar as vendas a uma campanha publicitária particular; ou, no cenário menos confiável, pode-se conduzir estudos de grupo ou pesquisas com consumidores para descobrir se eles se recordam do anúncio e qual é sua opinião. O que achei mais intrigante foi o fato de que, monitorando uma amostra bastante ampla de usuários da internet, pude elaborar uma medida mais rápida e mais precisa da eficácia de um anúncio particular, usando um aumento nos dados de termos de busca como substituto para o incremento propiciado por uma promoção de uma marca particular.

Eu também poderia medir a associações de marca criadas pelo segmento de *O aprendiz* examinando todos os nossos termos de busca contendo a palavra "Solstice", e depois separando e classificando esses termos por volume de buscas. Eis aqui os dez principais termos de busca contendo "Pontiac Solstice" para as quatro semanas terminando em 23 de abril de 2005:

1. Pontiac Solstice
2. 2006 Pontiac Solstice
3. "Pontiac Solstice"
4. 2006 Pontiac Solstice Fotos
5. 2005 Pontiac Solstice

6. Pontiac Solstice o Aprendiz
7. Solstice Pontiac
8. Pontiac Solstice Críticas
9. Novo Pontiac Solstice
10. Pontiac Solstice Aprendiz

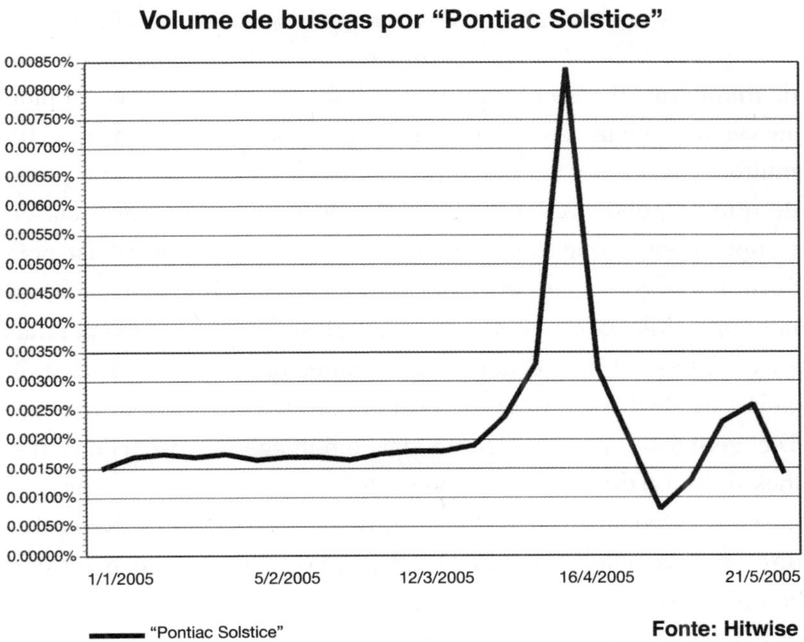

O segmento de *O aprendiz* não foi apenas bem-sucedido no que diz respeito a aumentar o volume de vendas do novo carro Pontiac. Agora, os usuários da internet estavam associando a marca do novo carro ao reality show. Essa única colocação de produto abriu um novo mundo de análise potencial. Voltamos a outros episódios daquela temporada de *O aprendiz* para medir a eficácia de outras colocações, do Burger King ao Dove e outras marcas. Dentre todas aquelas veiculadas até então, nenhuma obteve tamanho êxito como o Pontiac Solstice, em parte devido à eficiência de um chamado à ação via internet exibido no programa. Analisando outros produtos divulgados durante várias temporadas de *O aprendiz*, percebi que aqueles que propiciavam um chamado à ação desse tipo tendiam a gerar um maior tráfego na rede.

Mas a GM ainda não tinha encerrado suas campanhas para aquele ano. Mais tarde, no mesmo ano, sentado novamente no sofá da minha sala de estar, arregalei os olhos diante da tevê, espantado ao ver o primeiro comercial da Google-Pontiac. A peça, que foi muito criticada por profissionais de marketing on-line como prova de que os publicitários tradicionais não faziam a menor ideia do campo minado que é o marketing de buscas, era estrelada pelo novo Pontiac G6. No final do comercial, a narração não citava nenhuma palavra-chave da AmericaOnLine, o que era tão popular na década de 1990, e nem sequer mencionava um endereço da web. Em vez disso, a voz superposta disse algo que me fez engasgar. O engenhoso e agradável comercial com imagens sensuais de detalhes do novo design do G6 apresentou uma tela com a página de busca do Google e a narração instava os espectadores: "Não acredite em nós. Digite no Google 'Pontiac' e descubra você mesmo como o design pode fazer a diferença".

Como pesquisador de mercado envolvido no setor de mecanismos de busca desde meados da década de 1990, imediatamente reconheci o grau de ousadia e risco do comercial da GM. Quando o profissional de marketing instrui as pessoas a fazer buscas sobre o "Pontiac" no Google tem controle apenas limitado sobre o que aparece na página seguinte, algo que chamamos de SERP, abreviatura de *search engine result page* [página de resultado da máquina de busca], ou simplesmente a página de resultados exibida pela máquina de busca após uma pesquisa.

Havia duas posições fundamentais da SERP de que o Pontiac teria de se encarregar para não perder o controle da orientação dos espectadores que seguissem as instruções do comercial de tevê.

A primeira área, que inclui uma porção sombreada no topo da página, juntamente com outra porção que desce pelo lado direito da página, é chamada de "listagens de patrocinadores", e é onde os anunciantes podem comprar espaço de anúncios que são exibidos se um usuário da internet faz uma busca digitando uma expressão ou palavra específica. (Como discutimos no primeiro capítulo, o anunciante só é cobrado pelo anúncio se o usuário clica no seu hyperlink.)

A segunda área com a qual os marqueteiros do Pontiac teriam de se preocupar, ainda mais em razão da dificuldade em controlar os resultados, era conhecida como o corpo principal dos resultados de busca. Os exibidos na frente e no centro da página não são pagos. Pelo contrário, essa amostra de várias listagens é controlada pelo algoritmo do Google, processo computacional que vasculha bilhões de páginas indexadas pela máquina de busca para encontrar apenas as mais relevantes para a busca do usuário. A partir de meados dos anos 1990 surgiu toda uma indústria de otimizadores de máquinas de busca, ou SEOs (*search engine optimizers*), especializados em aumentar as chances de uma empresa de aparecer bem posicionada no corpo principal de resultados para sua marca e para buscas relevantes por seus produtos e serviços.[31]

Poucos segundos se passaram antes que eu abrisse meu laptop, fosse direto para a página do Google e fizesse uma busca por "Pontiac", conforme havia sido instruído. Eu precisava ver se a aposta da GM daria certo. Na primeira posição dos anúncios pagos (no topo da página, acima de qualquer outra listagem paga), havia um anúncio do Pontiac. Mas, logo abaixo, uma lista de um site com o endereço www.mx5nocomparison.com, aparentemente desenvolvido pela Mazda especificamente para o comercial do Google Pontiac. Os principais resultados de busca não eram muito melhores. Embora o Pontiac tenha conseguido agarrar a primeira posição, logo abaixo constavam a cidade de Pontiac, no estado de Michigan, Bar & Grill, mapas de Pontiac, Michigan e vários outros resultados não relacionados.

Enquanto a maior parte dos profissionais do campo de marketing on-line se divertiu à custa da decisão da GM de ficar à mercê do algoritmo do Google e dos resultados de busca pagos, eu estava em êxtase. Eu pude não apenas examinar a eficácia dos anúncios de tevê no direcionamento da marca, mas também, graças a um chamado à ação tão direto numa campanha publicitária em rede nacional de televisão, agora eu podia ver o resultado final quando o tráfego chegava ao Google buscando por "Pontiac".

A primeira questão que me veio à mente foi: as pessoas sabem se orientar direito? Será que simplesmente iam ao Google e digitavam "Pontiac", ou estavam inclinadas a procurar por alguma coisa mais específica, como "Pontiac G6", tema do comercial de tevê? Ou, o que é ainda mais interessante, quando instadas a digitar "Pontiac" no Google, as pessoas consideram que Google seja um verbo ou uma combinação de substantivo e verbo? Em outras palavras, todo o mundo procurava "Pontiac" no Google ou fazia alguma busca no Yahoo! Search ou no MSN Search?*

Primeiramente analisamos para onde as pessoas iam a partir do Google após digitar "Pontiac". Nossa experiência ensina que em

* Em inglês, o substantivo *google* passou a ser também um neologismo com função de verbo; *to google* significa executar uma pesquisa na internet pelo motor de busca Google. A nova acepção da palavra é um sintoma da grande popularidade atingida pela máquina de busca. Já há textos em português que usam traduções do verbo: "googlar" ou "guglar". (N. T.)

média uma marca como o Pontiac deveria receber aproximadamente entre 85% e 90% de tráfego em buscas relacionadas ao produto (os demais 10% ou 15% podiam ir para sites de críticas, fóruns, busca de imagens etc.).

Quando o comercial foi ao ar pela primeira vez, a participação de mercado do tráfego de buscas do Pontiac caiu para 66%, com a Mazda obtendo mais de 4% das buscas por "Pontiac". Houve mais usuários indo ao Google para pesquisar sobre a marca Pontiac do que recorrendo ao Yahoo! Search ou ao MSN Search, e os usuários da internet digitaram no Google apenas "Pontiac", embora o comercial tenha sido para o Pontiac G6, que por sua vez não experimentou aumento algum durante o período de veiculação de comercial.

Embora essas constatações tivessem enorme potencial de aplicação no campo da publicidade e pesquisa de marca e mercado, o aspecto realmente empolgante era que, ao contrário do pesquisador de mercado tradicional, que elabora uma pesquisa, recruta pessoas para responder aos questionários e depois analisa as respostas, eu estava examinando dados que já continham em si muitas respostas embutidas, e tudo o que eu tinha a fazer era formular as perguntas certas.

À medida que encontrei mais exemplos com o dueto Google-Pontiac, e comecei a compartilhar meus achados com as plateias em diferentes apresentações, o entusiasmo pelo potencial dessa gigantesca base de dados continuava a crescer. E cada vez mais as pessoas que compareciam às conferências expressavam sem pudores seu amor pelos dados. Caminhando entre as pessoas entre uma sessão e outra, era comum eu ouvir confissões como: "Desde jovem sou fascinado por dados".

Minha obsessão por encontrar mais conexões entre nosso mundo off-line e o comportamento on-line continuou crescendo, e os comerciais de tevê eram o terreno mais fértil para achar essas conexões. Sendo assim, rapidamente me tornei um viciado em televisão e, para grande desgosto da minha esposa, passava o tempo todo em frente à telinha procurando qualquer coisa que pudesse lançar mais luz sobre como a mídia televisiva se traduzia em comportamento de busca on-line.

Para romper com o padrão de encontrar componentes on-line do comportamento off-line, comecei a examinar os dados em outra direção. Em vez de esperar aparecer uma história ou um comercial e depois tentar corroborar o comportamento de busca, comecei com o próprio comportamento de busca em si. Examinando os principais termos de busca como um todo, bem como os termos de categorias específicas, como política ou notícias, ou até mesmo buscas por sites específicos, pude encontrar histórias interessantes diretamente nos dados de busca — e foi isso que me levou ao termo "Golden Spruce" [abeto dourado].*

Um dos sites mais interessantes de se rastrear à cata de listas de termos de busca é a Wikipedia. A enciclopédia comunitária, que discutimos em detalhes no capítulo 7, possui um conjunto de mais de 7,5 milhões de artigos gerados por usuários sobre praticamente qualquer assunto concebível. A Wikipedia também tem a reputação de ser uma das primeiras listagens de busca no corpo principal de resultados de busca do Google.

Sempre fui fascinado pelos termos de busca que enviam tráfego para essa montanha descomunal de informação por causa daquilo que os resultados representam: os tópicos sobre os quais gostaríamos de saber mais. Os dez principais termos de busca que enviam tráfego para

* O *golden spruce* era a árvore Kiidk'yaas ou Kiid K'iyaas ("árvore anciã"), o abeto *sitka Picea sitchensis*, que crescia às margens do rio Yakoun, em Haida Gwaii (ilhas Rainha Charlotte), na Columbia Britânica. Por causa de uma rara mutação genética, ela tinha coloração dourada e era venerada pela comunidade haida local. (N. T.)

a Wikipedia são surpreendentemente previsíveis. Há algumas buscas que funcionam como carro-chefe, bem como existem termos mais ocasionais, que variam em função da época do ano, noticiário ou as mais recentes fofocas de celebridades. A seguir estão os dez principais termos de busca responsáveis pelo envio de tráfego para a Wikipedia nas quatro semanas com término em 4 de fevereiro de 2006, excluindo os termos com a marca Wikipedia.

1. Enciclopédia
2. Furacão Katrina
3. Posições sexuais
4. Ano-Novo chinês
5. Sudoku
6. Rosa Parks*
7. Revolução Francesa
8. Alexandre, o Grande
9. Benjamin Franklin
10. Martin Luther King Jr.**

Só de olhar para a lista acima fui capaz de dizer o mês e o ano em que ela foi obtida. Como termo de busca, a ocorrência "Furacão Katrina" nos dá uma referência do ano. Uma vez que a mortífera tempestade tropical fez estragos em agosto de 2005, a lista deve ter sido obtida após essa data. O "Ano-Novo chinês", com base no calendário lunar, varia entre janeiro e fevereiro a cada ano, mas a presença de "Rosa Parks" e "Martin Luther King Jr." em posição

* Rosa Parks (1913-2005), costureira negra norte-americana, símbolo do movimento dos direitos civis, famosa por, em 1º de dezembro de 1955, ter-se recusado a ceder seu lugar no ônibus a um branco.

** Martin Luther King Jr. (1929-1968), pastor e ativista político e um dos mais importantes líderes dos direitos civis de negros e mulheres. O Dia de Martin Luther King é celebrado na terceira segunda-feira de janeiro. (N. T.)

tão proeminente na lista é um bom indicador de que se trata de uma lista de fevereiro, uma vez que este é o Mês da História Negra. Somando tudo ficamos sabendo que a lista foi elaborada na primeira semana do mês, após a desastrosa passagem do Katrina. Portanto, trata-se de uma lista de termos de fevereiro de 2006.

Uma vez que esse é o meu relatório favorito de termos de busca, tenho por hábito elaborar mensalmente a lista da Wikipedia a fim de examinar quais tópicos sazonais são os mais lembrados do mês. A lista de junho de 2006 apresentou um mistério que mais uma vez mostrou o quanto nossa mídia on-line está conectada à mídia tradicional. Para junho de 2006, o sétimo termo de busca mais popular enviando tráfego para a Wikipedia foi "abeto dourado".

A lista dos dez principais termos de busca na Wikipedia raramente me surpreende. O aparecimento de um nome ou evento que não reconheci só poderia significar que perdi alguma notícia importante ou passei batido por alguma tendência on-line. Para descobrir o que deixei escapar, carreguei a página do Google e rapidamente fiz uma pesquisa sobre o termo. Os resultados identificaram o livro de John Vaillant chamado *The golden spruce: A true story of myth, madness and greed* [O abeto dourado: uma história verdadeira de mito, loucura e ganância], relato não-ficcional sobre uma árvore de 300 anos e o ecoterrorista que a derrubou para manifestar sua posição contra as madeireiras.* Como o livro tinha sido publicado em maio de 2005, um ano antes, era improvável que a divulgação do livro fosse a causa da destacada posição do termo de busca na lista.

Mais abaixo, na relação de resultados, havia um link para a reportagem da Rádio Pública Nacional sobre o livro, mas novamen-

* A 22 de janeiro de 1997, um lenhador desempregado de 48 anos chamado Grant Hadwin derrubou a árvore, numa declaração política contras as madeireiras. Ele foi preso, mas desapareceu misteriosamente antes de ser levado a julgamento. (N. T.)

te a sincronia entre uma coisa e outra era completamente despropositada. Esse cenário não estava fazendo sentido algum. Durante aquele mesmo período, o termo de busca "abeto dourado" estava superando ocorrências como "Harry Potter" e "David Beckham", favoritos perenes da Wikipedia.

Mas havia um aspecto ainda mais bizarro acerca dos dados. Naquela época o Google era responsável pelo envio de mais 60% do tráfego on-line da enciclopédia e, mesmo assim, quando listei os dez principais termos de busca para o mesmo período de tempo, "abeto dourado" não constava em nenhum lugar. Uma das ferramentas a que tínhamos acesso é uma visão dos sites visitados após a busca a um termo e, em outra direção, a partir de que máquina de busca um site é visitado. O Google estava enviando apenas 4% do tráfego do termo "abeto dourado" para a Wikipedia. A máquina de busca campeã de tráfego para o termo era o Ask.com, com 95% das buscas. (Até então, o Ask.com tinha sido responsável por apenas 3% de todas as buscas da internet.)

Outra pista foi o fato de que outros sites estavam recebendo tráfego de buscas sobre o termo. A Wikipedia estava em segundo lugar. O destino mais visitado era a NBC.com, a versão on-line da rede de televisão. Contudo, uma busca extensiva naquele site não revelou referência alguma à árvore misteriosa. Tive a sorte de contar com o chefe da infraestrutura global da Hitwise, Richard Crane. Richard estava igualmente perplexo com o abeto dourado, mas, rastreando o endereço completo da web que fora clicado, ele descobriu que o tráfego do abeto dourado a partir do Ask para a NBC estava indo especificamente para uma transmissão em streaming de vídeo.

No verão de 2006, a NBC estreou um novo reality show, *Treasure hunters* [Caça ao tesouro], em que equipes de três pessoas percorriam os Estados Unidos em busca de um tesouro usando pistas apresentadas no programa. Numa vinculação inovadora, a NBC, juntamente com seu patrocinador Genworth Financial, realizou um concurso on-line em que, com um conjunto de pistas, os usuários da internet podiam disputar a chance de ganhar 100 mil dólares. Uma das primeiras pistas, apresentada apenas no streaming do vídeo, incitava o caçador a "ir para a terra do abeto dourado". Juntamente com a pista aparecia o ícone do mecanismo de busca Ask.com, que explicava por que tantos usuários da internet preferiam executar suas buscas naquela máquina específica.

O potencial para ganhar dinheiro em concursos e disputas on-line é um dos incentivos mais poderosos para fazer com que os usuários larguem o controle remoto e acionem o teclado do computador. Nesse caso, poderoso o bastante para criar um dos principais termos de busca entre mais de 160 mil enviando tráfego para a maior enciclopédia do mundo.

Capítulo 9

A luta livre feminina e arbitragem dos mercados financeiros

Uma das primeiras regras do acampamento foo é que ninguém discursa no acampamento foo. A reunião anual que teve início em Sebastopol, na Califórnia, foi a gênese do movimento anticonferência. Em vez de contar com uma programação de oradores e sessões, uma anticonferência deixa nas mãos dos participantes a criação da agenda, que geralmente é decidida no início do evento. foo, no caso dessa reunião, se refere a "Friends of O'Reilly", amigos de O'Reilly, ou Tim O'Reilly, fundador da principal editora de livros sobre computadores no mundo.

A caminho do evento, num dia quente de junho, parei na loja rei local para comprar uma barraca nova. Esse acampamento em particular era uma não-conferência para valer, em que a maioria dos participantes estava montando suas barracas numa área gramada ao redor do pomar de macieiras que cercam o campus O'Reilly. Minhas habilidades espaciais não se traduzem muito bem na montagem de uma barraca, nem sequer na localização de uma barraca. Foi por isso que não prestei atenção ao círculo alaranjado pintado na grama. Na ocasião acreditei que o círculo representasse algum tipo de fronteira ou limite. Sem barracas no interior do círculo, supus que minha nova Sierra Designs para três pessoas (os designers de barracas devem ser de estatura liliputiana) caberia perfeitamente no espaço reservado. Mas não notei o "H" brilhante no meio do círculo.

Nesse caso, o "H" queria dizer o helicóptero de Larry Page, que se mostrou um adversário de respeito para minha barraca capenga. Num novo local, fiquei rodeado do poder cerebral da internet: Jimmy Wales, fundador da Wikipedia, estava numa barraca para duas pessoas bem em frente da minha; Mitch Kapor, fundador da Lotus Development Corporation, e Shel Kaplan, funcionário número 1 da Amazon.com, por acaso acabaram dando uma ajudinha para que eu me instalasse em meu novo território, mais protegido.

Zanzando pelas imediações, sentindo-me como uma criança recém-chegada a um acampamento (o que era verdade), travei uma conversa com outro neófito. Michael Simonsen tinha ouvido falar da minha empresa e sabia a respeito dos nossos dados. A Aptos Research, firma de Michael, atua colhendo na internet informações sobre imóveis e usa os dados para arbitrar informações sobre o mercado imobiliário. Aqui, "arbitragem" é a palavra-chave. Começamos a discutir as sinergias entre os nossos diferentes conjuntos de dados, e eu disse a Michael que vinha pensando na oportunidade de prever mercados com base no uso da internet. Michael me esclareceu o fato de que na verdade não estávamos prevendo coisa alguma. Pelo contrário, éramos ambos suficientemente sortudos para contar com um conjunto de dados que nos permitia ver o que já estava acontecendo num mercado — fosse da habitação, emprego ou gastos de consumidor — antes que qualquer outra pessoa tivesse a oportunidade para tanto.

Parece ser uma distinção simples, mas há uma diferença e tanto entre a arte da previsão — tida como vodu — em oposição à arbitragem direta. Previsões envolvem suposições, cálculos e, acima de tudo, uma substancial margem para o erro, dependendo da precisão de nossas suposições e cálculos subjacentes. A arbitragem de dados, por outro lado, é simplesmente tirar vantagem do diferencial de tempo entre quando as pessoas fazem alguma coisa na internet (tais como pesquisar uma casa à venda ou colocar uma casa à venda) e quando um indicador financeiro (tal como as vendas de casas) mostra essa atividade. A lacuna entre as duas coisas pode ser uma questão de dias ou semanas ou até mesmo de meses. Quanto mais tempo, melhor.

Comecei a praticar pela primeira vez o que agora considero arbitragem de dados num quarto de hotel em Dallas em 2006.

Eu estava na cidade para participar de uma conferência de viagens, falando sobre como as agências, companhias aéreas e redes de hotéis podem usar dados de inteligência competitiva de maneira mais eficiente. Como nem sempre consigo trabalhar em silêncio, ligo a tevê e fico zapeando pelos canais até encontrar alguma coisa em que não precise prestar atenção. Naquela noite estava passando a primeira parte do episódio final de *Dançando com as estrelas* (segunda temporada). Perfeito!

Assim que voltei a preparar minha apresentação para a manhã seguinte, trabalhando num slide que demonstrava a importância das buscas na categoria "viagem", um pensamento me ocorreu. Parei tudo que estava fazendo. Olhei para a tevê e vi que a última dupla de dançarinos terminava sua performance e ouvi o apresentador do programa falar sobre como os espectadores poderiam votar em seu casal preferido. Esse reality show é baseado num formato em que a cada semana os juízes atribuem uma pontuação aos dançarinos, numa escala de 1 a 10. A audiência então tem a oportunidade de votar por um número de telefone 0800, por mensagem de texto ou ainda visitando o website oficial do programa. Embora eu não tivesse a menor ideia de como os jurados iriam votar, percebi que o programa era essencialmente um concurso de popularidade entre os dançarinos. Se eu vinha medindo a popularidade com base na frequência com que os usuários da internet faziam buscas sobre produtos ou serviços, ou até mesmo pessoas, então os dados de busca a que eu tinha acesso também deveria ter correlação com as ligações e a participação da audiência.[32]

Fazendo uma rápida verificação da minha hipótese, representei graficamente os três finalistas da temporada anterior: a famosa atriz de telenovelas Kelly Monaco, o ator John O'Hurley e o cantor Joey McIntyre. Ainda que fosse resultado de uma rápida pesquisa, o gráfico certamente parecia atraente.

Volume de buscas por "Kelly Monaco", "John O'Hurley" e "Joey McIntyre"

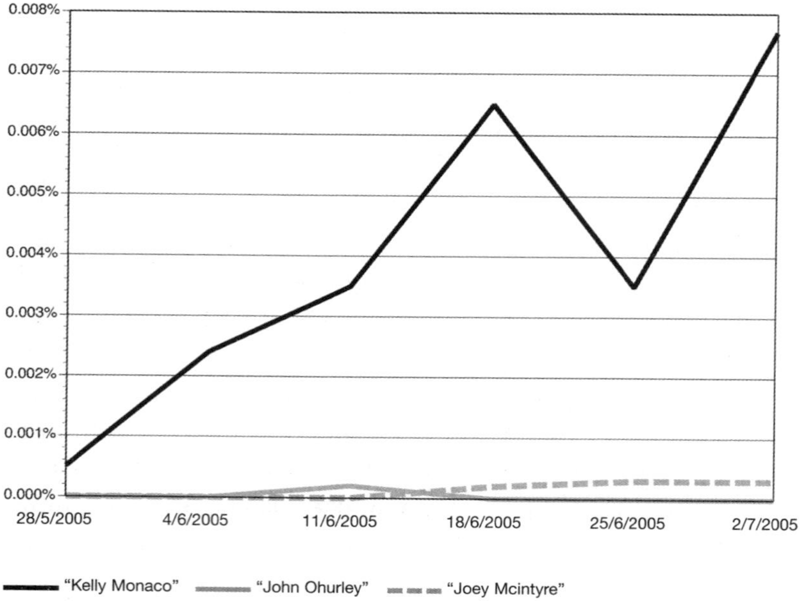

Fonte: Hitwise.

Kelly tinha quase 30 vezes o volume de McIntyre, que ficou em terceiro lugar. Senti uma torrente de adrenalina quando deixei de lado a apresentação da conferência e pus mãos à obra elaborando um gráfico para a final da segunda temporada do programa.

O episódio final era um confronto entre a diva da luta livre feminina Stacy Keibler, definida pelo juiz Bruno Tonioli como "uma arma de sedução em massa", o ex-jogador de futebol americano Jerry Rice, e Drew Lachey, ex-integrante da banda adolescente 98 Degrees. Se minha hipótese se sustentasse, eu conseguiria prever o resultado da temporada antes do anúncio dos resultados finais. Uma das vantagens de nossa interface é a gratificação instantânea de ver um gráfico pronto segundos após digitar os parâmetros. Eu poderia elaborar um gráfico com as buscas de dois anos anteriores de qualquer categoria de website ou mesmo um termo individual, como então estava fazendo.

Em poucos segundos eu tinha diante de mim meu novo gráfico, mostrando o volume de buscas aos competidores da segunda temporada.

Ele era tão empolgante quanto o gráfico da temporada anterior. Em termos de volume de buscas, a lutadora Stacy Keibler era a favorita disparada, com quase dez vezes o volume do competidor mais próximo, Drew Lachey. Embora minha apresentação na manhã seguinte nada tivesse a ver com programas de televisão ou a indústria do entretenimento, mesmo assim decidi incluir nela o gráfico. Obviamente, a julgar pela reação da plateia quando exibi meu último slide, eu não tinha sido a única pessoa a assistir ao episódio final de *Dançando com as estrelas*. Eu estava tão confiante sobre minha previsão que mandei por e-mail o gráfico para o pessoal da Hitwise, demonstrando um uso novo e empolgante de nossos dados referentes a termos de busca. Tudo o que eu tinha de fazer era esperar até a noite seguinte, quando os resultados finais do programa seriam anunciados.

Volume de buscas por "Stacy Keibler", "Drew Lachey" e "Jerry Rice"

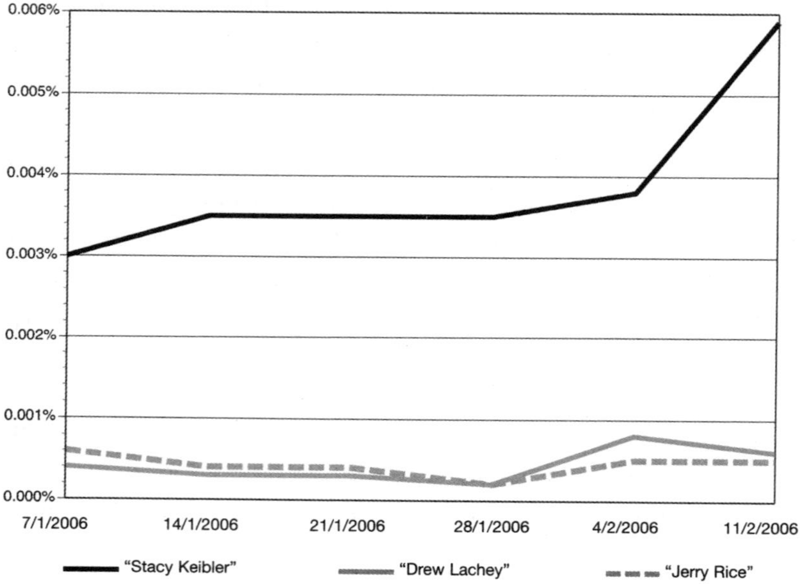

Fonte: Hitwise.

Foi reconfortante ver os números e as estatísticas relativos ao programa. O Pinnacle Sports, um website de apostas, apontava Keibler como a favorita absoluta, com vantagem de 1 para 2. Talvez estivessem vendo alguma coisa semelhante ao que eu vira na noite anterior.

Se você acompanhou aquela final de *Dançando com as estrelas* sabe que eu não apenas errei, mas que minhas previsões foram exatamente o oposto do verdadeiro resultado. Stacey Keibler ficou em terceiro lugar, Drew Lachey venceu e Jerry Rice ficou em segundo. Quando entrei no escritório na manhã seguinte, já estava preparado para a chacota dos colegas, depois de ter feito uma previsão tão pública a partir de uma combinação tão pouco consistente de dados, e ver que os resultados mostravam simplesmente o inverso. Estranhamente, eu estava doido para chegar logo ao escritório porque me sentia tomado de curiosidade para descobrir como e por que meus prognósticos estavam tão equivocados.

Havia algumas explicações óbvias que tive de descartar logo de cara. Julgando a opinião popular, eu estava levando em conta apenas metade da pontuação dos competidores; a outra metade dependia dos juízes, o que eu não tinha como prever (embora eu pudesse estudar pontuação de dança de salão de modo a dar um palpite mais abalizado). Havia ainda a questão de que a pessoa que votava pelo telefone podia representar uma característica diferente de um pesquisador da internet. Ou, talvez, simplesmente não houvesse correlação entre as duas coisas e meu gráfico da primeira temporada teria sido apenas uma feliz coincidência.

Eu estava mais perto do que imaginava de resolver o problema: a questão era a demografia de quem estava fazendo buscas sobre os competidores da final. Abrindo novamente o gráfico, eu me perguntei se havia alguma maneira de determinar quem estava fazendo buscas sobre Stacy, Drew e Jerry. De início fiquei curioso para saber se havia pistas na maneira como os usuários da internet faziam buscas por Stacy Keibler. Usando uma ferramenta chamada "relatório de sugestão de termo de busca", criei uma lista de todas as pesquisas contendo "Stacy Keibler". Para o período de quatro semanas, terminando na do episódio final, os usuários da internet fizeram pesquisas sobre Stacy Keibler de mais de quatrocentas maneiras diferentes. Examinando os dez principais termos, identifiquei imediatamente o problema: quase todas as buscas por Stacy Keibler estavam procurando fotografias ou imagens da lutadora de luta livre de pernas compridas transformada em dançarina. Para confirmar minhas suspeitas, dei o passo seguinte e rastreei onde terminava a maioria das buscas por "Stacy Keibler". O site mais visitado pelos usuários após fazer uma busca sobre Stacey era a página oficial das mulheres da luta livre, Official Women of Wrestling (www.owow.com). Depois da tela de boas-vindas, a tela seguinte exibia uma galeria de fotografias de lutadoras nuas (Stacey não estava entre elas). Não é difícil imaginar que o site não era visitado pelos típicos votantes do programa *Dançando com as estrelas*. O exame da demografia do site confirma esse argumento. Os visitantes da página owow.com são do sexo masculino (72%) e têm menos de 34 anos de idade (52%). Em outras palavras, uma audiência que não estaria disposta a passar pelo constrangimento de telefonar para votar em Stacy Keibler de modo a ajudá-la a vencer um concurso de dança de salão (mas que se entretém em dar uma espiada nas fotos provocantes da lutadora-dançarina).

Essa revelação levou-nos à geração seguinte das análises de buscas usando o volume de termos. Constatamos que os termos de busca não podem ser analisados no vácuo, e que em alguns casos pode haver múltiplas razões pelas quais um internauta faz pesquisas sobre um produto, serviço ou o nome de uma celebridade em particular. Jocosamente, passamos a nos referir ao nosso novo método de exame de intenções de busca como "aplicar o CCSK", ou "coeficiente de correção Stacey Keibler".

Munidos de nossa nova percepção sobre a análise fatorial de intenção de buscas, seguimos em frente e previmos corretamente o resultado da versão britânica (e original) do programa *Dançando com as estrelas*, chamado *Strictly come dancing*, bem como os vencedores de vários outros reality shows. O programa *American idol* foi um desafio mais complexo, uma vez que os jurados não votam e os resultados são determinados exclusivamente por telefonemas ou mensagens de texto dos telespectadores.

Prever o ganhador da quinta temporada de *American idol* não parecia ser tarefa fácil. As buscas por "Taylor Hicks" superaram as buscas por "Katharine McPhee", mesmo sem levar em consideração uma correção ao volume de buscas por McPhee por causa de um incidente envolvendo um "defeito no figurino" ocorrido com ela antes da final. Minha esposa sorriu e balançou negativamente a cabeça quando postei minha previsão no blog da Hitwise e depois liguei para um jornalista que cobria entretenimento para o jornal USA *Today* para informá-lo da minha antecipação do resultado. "Acho que você tem 50% de chance", ela disse. Mas eu sabia que, com base nos dados referentes às buscas, eu tinha mais chance de estar certo. E estava.

Na verdade, não vejo nossas tentativas bem-sucedidas (e fracassadas) de dizer os nomes dos vencedores de reality shows como previsões. Para dizer de maneira mais precisa, conforme discuti no acampamento FOO, o que fazemos é arbitrar dados. Quando analisados adequadamente, os dados referentes a buscas nos propiciam ideias e percepções sobre o que os espectadores podem pensar a respeito de um artista particular antes que os votos efetivos sejam computados. Os exemplos de reality shows televisivos foram divertidos, além de uma grande aprendizagem na arbitragem de dados. Mas o exercício serviu seu verdadeiro propósito como prova do que era realmente possível fazer com os dados de termos de busca.

***

Um de meus exercícios de arbitragem teve início logo em meus primeiros meses na empresa. Depois de ter entendido vagamente o conceito, eu estava à procura de oportunidades em que pudesse aprender com estatísticas que envolvessem defasagem de tempo. Uma transmissão da CNBC anunciando os números da taxa de desemprego divulgados pelo Departamento do Trabalho dos EUA era tudo de que eu precisava. Eu precisava encontrar um número que exigisse tempo entre a coleta e a análise, de modo que meu relatório quase em tempo real me permitisse arbitrar com base na defasagem de tempo. O Departamento do Trabalho tabula os números de pedidos de seguro-desemprego em todo o país para cada semana terminando no domingo. O relatório é divulgado na quinta-feira da semana seguinte. Os dados de participação de mercado da Hitwise para visitas a websites são atualizados toda tarde a partir dos dados do dia anterior, e as atualizações de dados de termos de busca são feitas toda segunda-feira, a partir dos dados da semana anterior.

Eu tinha uma clara vantagem de tempo em relação ao Departamento do Trabalho, mas qual era a conexão entre as buscas on-line e as visitas a sites e os pedidos de auxílio-desemprego?

Ficar de pé na fila esperando atendimento no posto local de auxílio-desemprego é uma prática que rapidamente está ficando obsoleta, uma vez que a maior parte dos estados permite que as pessoas preencham a papelada on-line. Se eu pudesse encontrar dados suficientes sobre as visitas a websites governamentais para pedidos de auxílio-desemprego, poderia combiná-los num conjunto que eu teria condições de rastrear como grupo. Já que um número cada vez maior de desempregados está preenchendo os papéis on-line, rastreando os fluxos e refluxos do meu grupo de sites, juntamente com as buscas por "desemprego", eu poderia compilar uma estatística que teria relação com o número semanal divulgado na quinta-feira.

Se pelo menos a vida fosse assim tão fácil...

Houve algumas complicações, para dizer o mínimo. Eu obtive dados de websites de auxílio-desemprego de doze dos cinquenta estados, que por sorte eram os maiores sites, e que me forneciam informações mais que suficientes, porém tendenciosas, subestimando as estatísticas sobre os desempregados dos estados menos populosos. Depois havia a questão da atividade sazonal. O número divulgado pelo Departamento do Trabalho é de desemprego sazonalmente ajustado. Esses ajustes temporários são feitos levando em conta os movimentos recorrentes da mão-de-obra, tais como os feriados mais importantes e o calendário escolar. Obviamente, as visitas à internet e os dados de busca não são ajustados e devem ser comparados ao número não ajustado, ou os ajustes precisam ser aplicados aos dados.

Visitas a websites de desemprego e pedidos de auxílio-desemprego

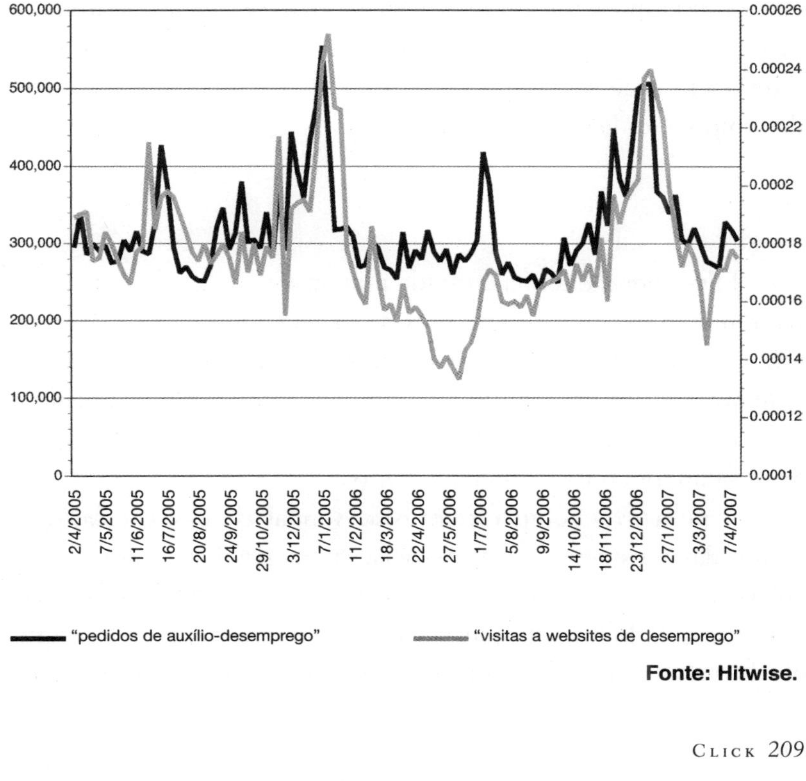

Fonte: Hitwise.

Por outro lado, dados da internet desse tipo sofrem suas próprias flutuações sazonais, tais como a exigência de preenchimento anual e as visitas a websites para a coleta de informações tributárias. Assim que essas questões fossem solucionadas, os dados resultantes deveriam, pensava eu, propiciar um indicador do número semanal de pedidos de auxílio-desemprego ou ao menos oferecer uma visão sobre o movimento direcional do número.

A equiparação entre a estatística da internet e os números divulgados pelo Departamento do Trabalho foi quase exata. Embora não se refletisse no gráfico, o número do Departamento do Trabalho tinha na verdade a defasagem de uma semana inteira em comparação com a estatística da internet. Depois de mostrar o gráfico aos clientes de fundos hedge, decidi procurar um indicador ainda mais contundente. Mais uma vez lancei-me à busca de outra estatística a fim de demonstrar o poder que os dados da internet têm de se tornarem um importante indicador por meio da arbitragem de informações.

***

Talvez porque tenha crescido num ambiente imobiliário (meu pai e minha mãe eram corretores de imóveis) ou talvez porque eu tenha passado por duas estressantes transações imobiliárias na Califórnia, e, assim como o resto do país, fiquei obcecado com o valor da minha casa, parecia algo natural que meu passo seguinte fosse lidar com o mercado imobiliário.

O número a comparar era o de vendas de casas, estatística divulgada mensalmente pela Associação Nacional de Corretores de Imóveis (National Association of Realtors, NAR). Na era da internet, quase todo mundo que pensa em comprar uma casa vai em algum momento ligar o computador e fazer pesquisas de mercado, visitando sites como REALTOR.com ou o site de um agente imobiliário local para acessar a versão para o consumidor da Lista de Serviços Múltiplos.* Se essa fase de pesquisa na internet na hora de comprar uma casa é uma prática disseminada, os dados da internet podem ser a chave para a previsão de outros indicadores, tal como o número de vendas de casas da NAR.

Assim como as estatísticas do desemprego, o número de venda de casas é "difícil" e leva tempo para compilar. Mas, ao contrário dos números do desemprego, ele é apresentado apenas mensalmente, o que me dava mais tempo de vantagem. Descobrir coisas novas acerca da venda de casas usando dados de termos de busca é um problema muito mais complexo do que antever o desemprego. Decidi abrir mão de usar as visitas a sites imobiliários como elemento prognosticador simplesmente porque esses números referentes às visitas podem estar influenciados por programas de marketing. Em outras palavras, se um site do setor imobiliário decide atrair tráfego comprando espaço de publicidade num portal como Yahoo! ou MSN, isso pode induzir um usuário a visitar o site mesmo quando não está necessariamente disposto a comprar um imóvel, inflacionando assim artificialmente o número de visitantes. Neste caso, o número de visitas não necessariamente reflete as condições de mercado. Já os termos de busca são uma questão diferente.

Se a decisão de um usuário da internet de recorrer a uma máquina de busca para pesquisar informações imobiliárias pode ser indiretamente suscitada pela publicidade on-line e off-line, os termos de busca propiciam uma medida mais direta do interesse do usuário em comprar ou vender uma casa. Brinquei com a ideia de

* A Lista de Serviços Múltiplos é uma base de dados que permite a troca de informações entre corretores imobiliários: imóveis à venda, valores, potenciais compradores etc. (N. T.)

construir um modelo complexo baseado numa variedade de diferentes termos de busca na esperança de encontrar uma combinação que funcionasse como indicador de vendas de casas, e no processo comecei comparando termos individuais com o número da NAR. Para encontrar os termos que eu deveria representar graficamente, gerei uma lista dos termos imobiliários mais comuns (termos que pudemos determinar rastreando todos os termos de busca que enviavam tráfego para os 1.900 principais sites imobiliários em nossa categoria "negócios imobiliários").

Não fui muito longe. O primeiro termo que representei graficamente — o termo de busca mais popular na categoria negócios imobiliários naquela semana — foi "casas à venda". O padrão de buscas ao termo parecia ser um bom parâmetro de equiparação com os altos e baixos das vendas de casas. As verificações de outros termos da lista não chegaram nem perto.

Ainda com a lembrança do infortúnio de minha primeira previsão do reality show, fui devagar com o andor das "casas à venda". De início comecei com e-mails internos para algumas pessoas do staff da Hitwise, para só depois postar no blog um anúncio com a minha previsão. A notícia se espalhou e antes que eu pudesse perceber o que estava acontecendo já tinha agendado uma participação na CNBC para discutir minha previsão para o número de vendas de casas em agosto de 2006. A previsão se confirmou, de acordo com o planejado. Durante a transmissão, a âncora perguntou qual era minha previsão para setembro. Tendo-me preparado de antemão para essa pergunta, expliquei que os dados de setembro mostrariam uma mudança direcional na venda de casas (que vinha em declínio acentuado desde a primavera). O que eu não tinha previsto foi a pergunta seguinte que ela me fez: "O senhor estaria disposto a voltar ao programa quando os números do próximo mês forem anunciados?". Ela fez a pergunta no ar, por isso só havia uma resposta possível: "Claro que sim".

Volume de buscas por "casas à venda"

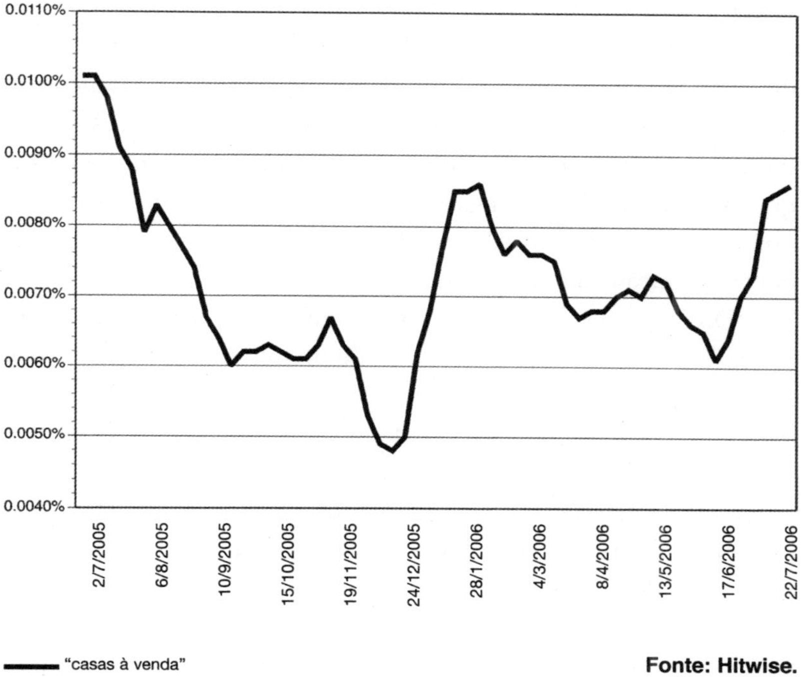

Fonte: Hitwise.

O mês que transcorreu entre minha previsão e o dia do ajuste de contas foi permeado de expectativa. Acontece que os estados e alguns condados usualmente divulgam seus números antes dos números nacionais. No meu laptop eu mantinha aberta uma planilha eletrônica que eu ia atualizando múltiplas vezes por dia, à medida que os números de setembro iam chegando. Seria um resultado apertado.

Quando por fim chegou o grande dia em que a NAR anunciaria os números de vendas de casas já existentes naquele mês, eu estava em Manhattan a negócios. Ansiosos, Matt Tatham, relações-públicas da Hitwise, e eu nos encontrávamos na sala dele, preparados para as duas situações óbvias: 1) eu estava certo e eis aqui minha previsão para o mês que vem; e 2) eu estava errado e eis aqui o motivo. No dia anterior já havia sido decidido que, em vez de seguir para o estúdio principal em Englewood Cliffs, Nova Jersey, eu seria filmado de um estúdio remoto em Manhattan. Enquanto rumávamos para o escritório da CNBC, fui revisando todas as previsões dos economistas que tinham chegado ao longo da semana anterior. O consenso era de que seria verificado um declínio de mais de 2% nas vendas de casas em comparação com o ano anterior.

Dizer que a sala a que fui conduzido no escritório da CNBC em Nova York era um estúdio remoto seria no mínimo um exercício de imaginação — pense num armário de vassouras. Sentado num banquinho, eu disputava o apertado espaço com uma câmera e uma cortina de fundo de cenário. Depois de me apresentar às acanhadas instalações e me entregar um fone de ouvido, a mulher que me recebera na recepção saiu rapidamente da sala fechando a porta atrás de si.

Assim que me acomodei, ouvi pelo fone a voz de Jane Wells, com a estranha sensação de que ela estava dentro da minha cabeça. Jane, a produtora do segmento, aparentemente podia me ver pela câmera na sala, e me pediu para que fizéssemos uma rápida passagem de som.

Oito minutos para a "hora H". (Eu já estava ficando familiarizado com o jargão televisivo. Esse era o momento em que entraríamos ao vivo no ar.) Silêncio no fone de ouvido. Faltando apenas alguns minutos, Jane falou novamente no meu ouvido: "A NAR acabou de divulgar os números; você estava errado". Fiquei arrasado. "Qual foi o número, Jane?", perguntei. "Uma queda de 0,5% em comparação com o ano anterior". Pensando rapidamente, lembrei-me de que a previsão dos economistas era de uma queda de mais de 2,5%. Minha previsão era de uma mudança de direção. "Jane, eu quase acertei!", foi a única coisa que consegui pensar em dizer. Não sei como fizeram isso tão rápido, mas assim que olhei para baixo, à minha direita, havia um monitor do programa já preparado. Quando entramos no ar, vi meu nome e um título e, abaixo disso, entre aspas, "Quase certo". Ai!

No táxi, na viagem de volta, eu só conseguia pensar no que havia deixado escapar na hora de fazer a previsão. Será que tinha me esquecido de considerar alguma coisa nas buscas por "casas à venda"? No ano anterior, o termo tinha previsto todas as mudanças direcionais nas vendas de casas já existentes. Se havia alguma lei suplantando minhas previsões, era a Lei de Murphy (se alguma coisa pode dar errado, com certeza dará), mas por que agora, por que isso?

Lembrando-me das lições aprendidas com a primeira previsão do programa *Dançando com as estrelas*, não perdi tempo antes de verificar as buscas por "casas à venda" no mês anterior e toda e qualquer informação que pude obter sobre a intenção por trás das buscas.

Uma coisa que sabíamos sobre o mercado imobiliário era que em muitos mercados, no verão de 2007, houve um impasse entre compradores e vendedores. As vendas de casas já existentes continuaram caindo, mas os compradores não tinham abaixado o preço das casas em resposta à falta de interesse dos compradores. Ao mesmo tempo, talvez sentindo a iminência de uma queda de preços, os compradores recusaram-se a pagar os níveis vigentes de preços.

Conferindo e reconferindo os termos de busca que enviavam tráfego para a categoria negócios imobiliários, algo que eu não tinha notado antes chamou minha atenção: havia vários termos referentes ao valor dos imóveis lentamente galgando posições nas listas. Quando verifiquei para onde os usuários da internet estavam indo após fazer buscas por "casas à venda", tive outra surpresa. Desde a última vez em que eu checara tinha havido uma mudança nos principais sites que recebiam tráfego a partir do termo. Ao invés das redes nacionais de imobiliárias e listas de serviços múltiplos nas primeiras posições, os sites de voyeurismo imobiliário (sites que apresentam o montante de transações recentes, bem como as estimativas do valor de imóveis) é que estavam no topo.

Assim, se a incidência de buscas por "casas à venda" estava aumentando, a mudança nos sites de destino indicava que talvez, pela primeira vez nos últimos dois anos, a busca não estivesse sendo executada por compradores de imóveis interessados. Aquela era uma busca de proprietários de imóveis preocupados, querendo saber o que tinha sido vendido em sua área e se o valor de suas próprias casas tinha caído no mercado em estagnação. Mais uma vez eu tinha sido ludibriado pelo "coeficiente de correção Stacey Keibler".

***

Esses métodos bastante rudimentares para a criação de um indicador econômico de ponta foi apenas o início de nossa jornada para encontrar oportunidades de arbitragem de dados com base no comportamento da internet.

Com o tempo, por meio da tentativa de ter ideias sobre diferentes resultados do mundo real a partir da atividade da internet, ficou bastante claro que os dados sempre estão certos. Mas há ciladas e imprevistos na maneira como os interpretamos, desde a obtenção gradual de percepções a partir dos termos de busca ao aprendizado da diferença entre a intenção de busca e o comportamento efetivo.

Outra máxima que aprendi com o tempo é que, no que diz respeito à arbitragem de dados, quanto mais simples, melhor. Nossos clientes do setor financeiro, tais como os fundos hedge, bancos de investimento e firmas de pesquisa financeira aplicaram dados de comportamento na internet de forma mais simples. Numa extensão dos dados referentes ao desemprego, pensei também num exercício simples. Se uma empresa vende produtos exclusivamente on-line, e se num dado período de tempo não alterou sua média de vendas ou seu modelo de negócio, então a participação de mercado das visitas a sites que registramos ao longo de um trimestre financeiro deve ter estreita correlação com os seus lucros trimestrais. O valor dos ativos financeiros de uma determinada empresa pode depender bastante do fato de ela cumprir ou não as suas expectativas de lucros trimestrais. Usando essas suposições, apliquei meu modelo simples para empresas on-line como Amazon, Overstock e outras. Fomos muito bem-sucedidos prevendo direcionalmente os lucros das empresas. Embora os resultados não tenham sido de maneira alguma definitivos, qualquer vantagem ou margem de superioridade que um negociante pode usar para supor a direção do mercado com relação a uma questão específica não deixa de ser uma ferramenta extremamente valiosa.

Se os dados propriamente ditos podem ser o instrumento de previsão mais eficaz de todos, a filtragem de tudo o que sabemos acerca de uma vasta amostra de usuários da internet pode produzir resultados ainda mais abrangentes. Acontece que existem alguns segmentos na população da internet que agem como guias das tendências mais recentes. Em algumas previsões de tendências, é melhor começar com um tipo de indivíduo bem conectado, um sabichão em novidades tecnológicas, alguém que todos apontariam como a pessoa mais propensa a adotar as mais recentes tecnologias — o early adopter.

Capítulo 10

Localizando os early adopters

Você já se perguntou de que maneira uma inovação evolui de uma ideia até sua adoção em massa? Já parou para pensar, por exemplo, como o Google, que no início se chamava Backrub, conseguiu se sobrepor aos principais mecanismos existentes até então, empresas como Yahoo! Search, MSN, Lycos e AltaVista? Como será que o Google passou de um buscador completamente desconhecido a uma máquina de busca responsável por mais de 65% de todo o tráfego nos EUA? Em meio a todos os planos de negócios e projetos recentemente fundados no Vale do Silício, como é que uma ideia — e ideias parecidas, como YouTube, MySpace e Facebook — encontra uma maneira de se sobressair e disseminar sua influência à velocidade da luz, e até se tornar rapidamente líder de mercado em seu ramo? Se ao menos soubéssemos uma maneira de descobrir qual poderá ser a próxima tecnologia de ponta...

O estudo da difusão de uma ideia ou de como as ideias ou inovações tecnológicas se disseminam pela sociedade ocupou a mente do sociólogo de Harvard Bryce Ryan quando ele se aventurou num milharal de Iowa às quatro da manhã de um dia verão de 1939. Ryan, que deve ter parecido um peixe fora d'água ao postar-se ali de pé no milharal antes do raiar do dia, estava realizando pesquisas sobre como uma semente de milho experimental, uma nova variedade híbrida, poderia se propagar pelas fazendas de dois condados de Iowa.

A nova variedade híbrida de milho era uma tremenda melhoria com relação à semente tradicional, com o potencial de aumentar a produção de milho em mais de 20%. Uma vez que não havia nenhum aspecto adverso ou negativo ainda claro, o bom senso dizia que os fazendeiros dos dois condados que Ryan estava estudando passariam imediatamente a plantar a nova semente. Mas, de acordo com o estudo de Ryan, a adoção da nova semente nada teve do caráter de uma mudança da noite para o dia. Na verdade, quase 12 anos se passaram para que a nova semente fosse plenamente aceita nas fazendas que ele estudou. Por que demorou tanto?

Quando Ryan estudou o problema, percebeu que havia grupos especiais de fazendeiros que adotaram a nova semente antes dos outros. De fato, Ryan tinha identificado vários segmentos de fazendeiros, e aparentemente cada grupo se apoiava na decisão do segmento anterior de adotar o milho híbrido antes de tomar a própria decisão de usar a nova semente. Estudando os fazendeiros de milho da área rural de Iowa, Ryan tinha identificado um processo pelo qual novos produtos ou tecnologias são adotados pela sociedade. Ele conseguiu essa façanha ao reconhecer a estrutura da influência de tipos de personalidade em redes sociais.

Everett Rogers, que estudou os resultados da experiência de Iowa, bem como realizou pesquisas em torno da adoção de outras tecnologias de ponta, de novos antibióticos a telefones celulares e videocassetes, cunhou a expressão que acabou por dar nome a seu livro: "difusão de inovações". Quando Rogers delineou a frequência daqueles que adotam uma tecnologia quando é preciso que adotem tal tecnologia, a curva resultante tinha o formato de um sino.

Examinando as características da adoção da tecnologia ao longo dessa curva, e usando desvios padrão, Rogers identificou cinco segmentos fundamentais referentes ao caminho da adoção de alguma coisa nova. Na extremidade esquerda da curva estavam dois segmentos cruciais — os "inovadores" e os "early adopters" (ou "consumidores pioneiros") —, seguidos pela "maioria precoce", a "maioria tardia" e os "retardatários".

Na curva de Rogers, os inovadores desempenham um papel vital, pegando uma ideia nova de fora das fronteiras normais de uma área específica e introduzindo-a no mercado, atuando como guardiões mantenedores do fluxo de novas ideias em um sistema ou mercado.[33] Mas se aparentemente os inovadores são o alvo do interesse dos marqueteiros, foram os early adopters que provaram ser o agente catalisador pelo qual um novo produto deixa de ser uma inovação empolgante e passa a dominar o mercado por meio da adoção em massa. De acordo com Rogers, o early adopter, "mais que qualquer outra categoria, tem o mais alto grau de liderança de opinião na maior parte dos sistemas".[34] Essencialmente, se o inovador consegue vislumbrar quais produtos e tecnologias vão ajudar a criar um certo mercado, o early adopter tem olhos e ouvidos para os subsequentes segmentos de adoção, e o poder de influenciar o que se torna um sucesso no mercado.

Incontáveis textos de marketing e obras seminais, como no caso de *Crossing the chasm* [Cruzando o abismo], de Geoffrey Moore, lançaram-se na tentativa de compreender o ciclo de vida da adoção de um produto e desenvolver um marketing voltado para esse segmento especial de consumidores de forma a garantir maiores chances para que novos bens ou serviços caiam no gosto do público, o que, em última instância, conduz ao sucesso no mercado.

Mas a ideia de um marketing para o early adopter enfrenta um grande desafio: como encontrar esses tipos tão valiosos? Será que a sua identidade não depende do tipo de produto ou serviço que se está tentando colocar no mercado?

***

Diferentemente da semente híbrida de milho, com sua curva de adoção de 12 anos, a internet e especificamente o festejado espaço 2.0 está propenso à hiperinovação. Como vimos no caso da adoção de propriedades, tais como no YouTube, um site pode passar da condição de relativa obscuridade ainda em seus estágios iniciais de teste (o que é chamado de fase alfa ou beta de desenvolvimento), para subitamente, no intervalo de poucas semanas, sobrepujar os atores estabelecidos numa categoria específica e tornar-se líder de mercado.

Desde o início de 2008, o site de compartilhamento de vídeos YouTube domina o espaço de vídeo on-line. Dos 470 diferentes sites multimídia visitados por usuários da internet nos EUA, e monitorados pela Hitwise, o YouTube ocupou a primeira posição na categoria ao longo dos últimos dois anos, com 51% de todas as visitas.

Quando o YouTube saiu oficialmente de sua fase beta no final de 2005, estava competindo com gigantes como Yahoo! Vídeo e sites P2P*como Kazaa. Apenas um mês antes, em outubro de 2005, dos 470 sites na categoria, o YouTube tinha alcançado a 39ª posição, com apenas 0,17% das visitas da categoria. A ascensão do YouTube em meio a um vasto conjunto de sites de vídeos desconhecidos não levou anos, nem mesmo meses. A passagem da obscuridade para a fama ocorreu num intervalo de tempo de apenas 35 dias.

---

* P2P (abreviação de *peer to peer*, "entre pares") é uma tecnologia que permite a conexão direta entre computadores que se revezam nas condições de cliente e servidor, dispensando assim um servidor central. (N. T.)

Participação de mercado de visitas a www.youtube.com, videosearch.yahoo.com e video.google.com

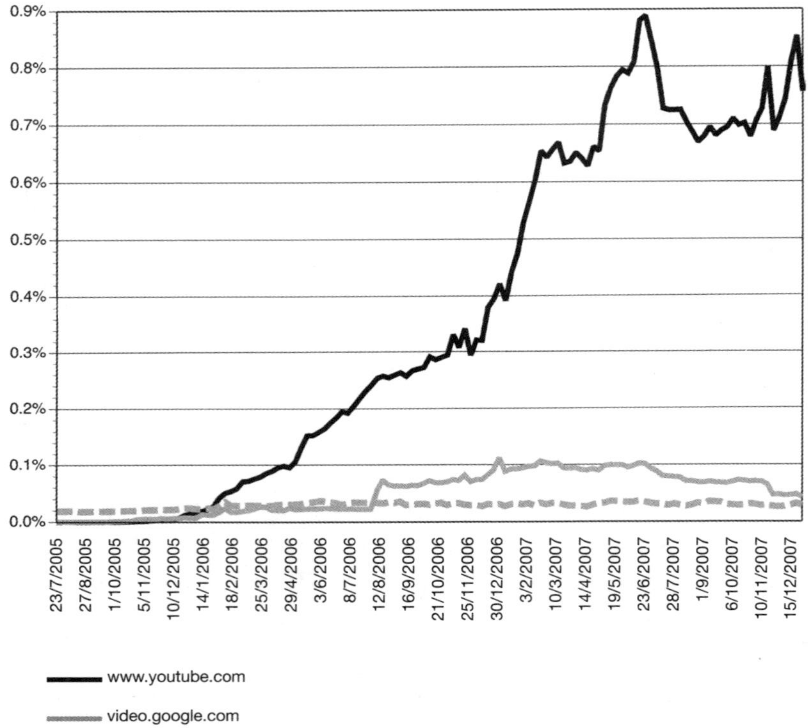

Fonte: Hitwise.

O primeiro vídeo postado no YouTube se chamava "Eu no zoológico", um clipe de 18 segundos filmado no zoológico em frente ao espaço dos elefantes e carregado no site por um dos fundadores do YouTube, Jawed Karim. Poucas semanas depois, quando o site passou a operar oficialmente em sua versão beta, em maio de 2005, a média era de 30 mil vídeos por dia. Quando ultrapassou o Yahoo! Vídeo, em janeiro de 2006, o YouTube estava exibindo mais de 25 milhões de vídeos por dia.[35]

Participação de mercado de visitas a www.youtube.com e videosearch.yahoo.com

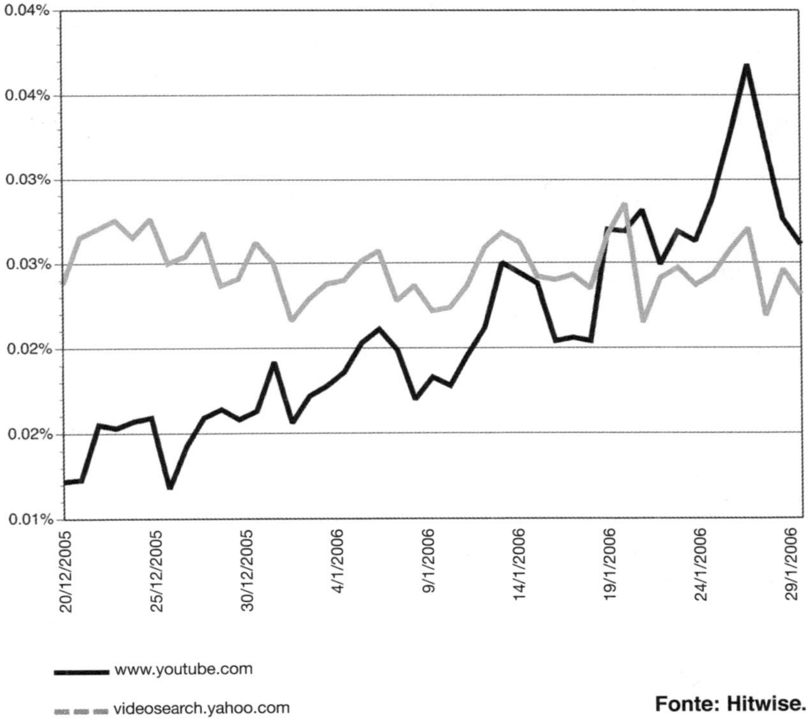

Fonte: Hitwise.

Se aplicarmos a curva de difusão de Rogers ao gráfico acima, no período de tempo entre o carregamento do primeiro vídeo e o lançamento do site em meados de dezembro de 2005, os visitantes e usuários que colocavam conteúdos no site tendiam a ser membros do segmento inovadores, que, ao experimentar o serviço, estabeleceram a novidade de criar seu próprio conteúdo em forma de arquivos de vídeo e carregar esses arquivos para o mundo inteiro assistir. Em algum momento entre novembro de 2005 e janeiro de 2006, a difusão do uso do YouTube se deu não só entre os inovadores, mas também conquistou os early adopters e a chamada maioria precoce.

Costumo usar frequentemente os gráficos semanais e diários do sucesso do YouTube quando descrevo por que as empresas no ambiente on-line precisam fazer uso de dados de inteligência competitiva. Num mundo em que a liderança de mercado pode mudar de mãos em questão de dias, como uma empresa em seu perfeito juízo pode operar às cegas em meio a tanta competição?

Só depois de um ano vimos a conexão entre o gráfico de crescimento do YouTube e a curva de difusão de Rogers. Quando demonstrados em gráficos e termos históricos, os dados da Hitwise puderam propiciar a visualização de como um novo serviço, tal como o upload de vídeos, transitava entre os segmentos que Rogers havia identificado na década de 1950. Usando outra ferramenta que discutimos anteriormente, a análise do fluxo de cliques (relatório que permite saber os principais sites visitados antes e depois de um dado domínio, ou em que website os usuários da internet estavam antes de visitar o YouTube e para onde foram imediatamente depois), pudemos também compreender o mecanismo de como se espalhou a notícia desse novo site.

Em outubro de 2005, o YouTube, ainda em seu formato beta, recebeu 52% de seu tráfego a partir de sites de redes sociais, tais como MySpace, Friendster, Xanga e até mesmo do menino mais novo do quarteirão, o recém-chegado Facebook. O boca-a-boca sobre esse novo site — no qual os usuários podiam criar seu próprio conteúdo em vídeo (ou carregar conteúdo protegidos por direitos autorais) — estava se espalhando por comunidades on-line de estudantes do ensino médio e universitários, os inovadores no mundo do vídeo on-line.

Em apenas um mês, o método pelo qual os usuários chegavam ao site do YouTube começou a sofrer dramática alteração. Os serviços de e-mail (contas de sites como Hotmail e Yahoo!) estavam contribuindo com mais de 17% de todo o tráfego, ao passo que o tráfego vindo das redes sociais caiu para apenas 30%. No site do YouTube, assim que os usuários assistiam a um vídeo, tinham a possibilidade de enviar para os amigos um e-mail que incluía um link para o vídeo que tinham acabado de ver. À medida que os early adopters pegaram o bastão dos inovadores, o e-mail foi a ferramenta que usaram para disseminar rapidamente a notícia sobre o novo site e atrair a maioria precoce.

Escondidas entre os dados havia mais pistas sobre a meteórica ascensão do YouTube. Juntamente com o tráfego de redes sociais e e-mail, em janeiro de 2006 começaram a aparecer no fluxo de cliques do YouTube visitas a partir do Google. Membros da maioria precoce, ouvindo o bochicho sobre o YouTube, estavam encontrando o site por meio de buscas na internet e pesquisando os vídeos mais populares de que tinham ouvido falar. Examinando os principais termos de busca que os visitantes enviaram para o site em janeiro de 2006, pudemos ter uma ideia do que estava despertando o interesse da maioria precoce. Mesmo com todo o frenesi espalhafatoso circulando nos meios de comunicação a respeito do poder das mídias geradas por consumidores, ou vídeos criados e disponibilizados pelas pessoas, não foi isso que impulsionou a ascensão do YouTube.

Para as quatro semanas terminando em 28 de janeiro de 2006, das dez principais buscas enviando tráfego para o YouTube, cinco dos termos eram buscas navegacionais (buscas ao nome da empresa YouTube ou ao domínio YouTube.com). Os outros cinco termos (número quatro: "Lazy Sunday"; número sete: "Rap de Nárnia"; número oito: "SNL Lazy Sunday"; número nove: "Crônicas de Nárnia SNL"; e número dez: "SNL Lazy Sunday") diziam respeito ao mesmo videoclipe,[36] um esquete do programa humorístico *Saturday Night Live* protagonizado por Chris Parnell e Andy Samberg exibido na mesma semana da estreia do YouTube. O quadro, chamado "Lazy Sunday" [Domingo preguiçoso], era um vídeo musical registrando a missão em que se lançam Parnell e Samberg para assistir a uma sessão dominical do filme *As crônicas de Nárnia*.

***

Agora que já tínhamos entendido o que levou ao crescimento do YouTube e pudemos visualizar a adoção da nova tecnologia on-line por parte dos inovadores (cujas visitas se originavam de redes sociais), dos early adopters (compartilhando os primeiros vídeos por e-mail) e da maioria precoce (buscando vídeos específicos), havia uma perspectiva ainda mais empolgante. Uma vez que os dados da Hitwise referentes à demografia e psicografia dos visitantes de websites são registrados historicamente, em instantâneos de seções de tempo de quatro semanas, seria possível levar ao nível seguinte a análise sobre o processo de difusão de inovações na internet. Recuando no tempo, e retomando nossos dados daquelas poucas semanas de dezembro e janeiro, conseguimos identificar os tipos de usuários que compunham o grupo dos early adopters do compartilhamento de vídeos on-line.

A demografia básica de idade, gênero, renda e região (por estado) não nos surpreendeu. Dessa vez, o grupo mais numeroso de usuários por site era o da faixa etária entre 18 e 24 anos (39%), com renda anual de 60 mil dólares (57%). E mais de 25% dos visitantes eram residentes da Califórnia. Os dados psicográficos da segmentação PRIZM da Claritas de visitantes do site nos deram uma retrato muito mais detalhado desse conjunto de early adopters do compartilhamento de vídeos on-line.

Um dos maiores segmentos, representando mais de 5% dos visitantes do site nesse recorte de tempo, foi o grupo psicográfico *bohemian mix*, a "mistura boêmia". Os membros desse grupo, que a Claritas descreve como um conjunto de urbanoides volúveis que levam um estilo de vida bastante liberal, e que estão propensos a viver em casas geminadas "bacanas", são em geral caracterizados como early adopters do entretenimento e da tecnologia.

Empolgados pela descoberta de uma descrição potencial do early adopter, aplicamos a mesma análise a diversas outras propriedades da web 2.0 — como o site de publicação de fotografias Flickr e sites de relacionamento, tais como Digg e del.icio.ous —, e constatamos que os membros da mistura boêmia estavam presentes em todos eles (e visivelmente ausentes da contraparte dos sites em sua versão da web 1.0). Também descobrimos que outros dois segmentos tendiam a aparecer juntamente com a mistura boêmia nas visitas a inovadoras propriedades on-line: o segmento "dinheiro e cérebro" e os "jovens digerati".

Por meio de toda a informação que a Claritas tinha compilado sobre esses três segmentos, bem como de posse de tudo aquilo que conseguimos reunir sobre eles a partir do seu comportamento on-line, chegamos a uma compreensão bastante profunda de quais eram os alvos dos early adopters.

A mistura boêmia

O primeiro segmento, que abarca 2 milhões de famílias nos Estados Unidos, é a mistura boêmia. Esse grupo tende a viver em áreas urbanas, especialmente em cidades grandes como Nova York e São Francisco. Graças a várias pesquisas e outras fontes que a Claritas adiciona a seus dados referentes a segmentos, sabemos que os membros desse segmento provavelmente leem a revista

New York, o *Wall Street Journal*, a revista *Esquire* e o jornal *New York Times*. Fazem compras em lojas como Bloomingdale's, Saks Quinta Avenida e Banana Republic e — o que talvez seja a inspiração para o nome do segmento — compõem o grupo com os mais altos índices de mão-de-obra no setor de artes, com uma média três vezes superior à da população norte-americana em geral no que tange a empregos nesse ramo.

Os integrantes do segmento mistura boêmia também estão mais propensos ao papel de lançadores de tendências na moda (provavelmente assistem ao canal Style Network na tevê a cabo digital) e no estilo de vida (contribuem para os altos índices de pessoas que dirigem carros MINI coopers). Essa postura de lançadores de tendências também se traduz com relação às novas tecnologias que o grupo tende a experimentar. Somadas, essas características descrevem um grupo que se encaixa no perfil de pessoas dispostas e inclinadas em primeira mão a utilizar um serviço como o YouTube. Embora esses dados tenham sido compilados a partir de questionários e pesquisas, também podemos investigar nossa base de dados de um milhão de websites a fim de ver o que é mais provável que os usuários da internet do grupo mistura boêmia estejam fazendo on-line.

A partir de seu comportamento de navegação na internet, sabemos que gostam de ler jornais on-line, preferindo visitar NYTimes.com e SFgate.com (o site do jornal *San Francisco Chronicle*). O que não aparece nas pesquisas e questionários é que esse grupo também tem inclinação para a jogatina on-line, visitando sites de jogos e apostas como Bodog.com e BetUs.com. Em termos de interação ao vivo, os integrantes da mistura boêmia deixaram um pouco de lado as redes sociais hoje na moda, como MySpace e Facebook, e passaram a preferir a pequenina rede Orkut (um frangote), do Google, e a rede Imeem, voltada para a música.

Dinheiro e cérebro

Ao contrário de sua contraparte artística mistura boêmia, os membros do grupo dinheiro e cérebro, o segundo segmento dos early adopters, tendem a ser afluentes, possuem diplomas universitários e títulos acadêmicos, e provavelmente trabalham nas áreas jurídica, médica e administrativa. Assim como a mistura boêmia, trata-se de um segmento urbano, concentrado no Condado de Richmond, Nova York, mas com maior presença na Califórnia, incluindo os condados de São Francisco, San Mateo e Santa Clara.

Os membros do segmento dinheiro e cérebro também tendem a ser consumidores mais vorazes e preocupados com seu status, dirigindo carros Mercedes-Benz e BMW, e fazem compras em lojas como Norstrom e Neiman Marcus. No que diz respeito ao consumo de meios de comunicação, esse grupo também lê o jornal *New York Times*, mas em vez de assistir ao canal Style Network, é mais provável que veja o canal esportivo ESPN. Em vez de ler revistas de moda, é mais provável que os membros desse grupo peguem na banca um exemplar das revistas *PC world* ou *PC magazine*.

On-line, o segmento dinheiro e cérebro faz juz a seu nome, e seus membros são visitantes assíduos de sites de corretagem de ações, tais como Charles Schwab e Smith Barney, bem como sites de informação financeira como TheStreet.com e MarketWatch.com. Contrastando com a mistura boêmia, os membros do segmento dinheiro e cérebro mostram um forte interesse por esportes, com visitas frequentes aos sites ESPN.com, CBSsportsLine e Yahoo! Fantasy Sports. O comportamento on-line desse grupo também demonstra sua propensão para viagens, visitando websites como United.com, bem como os de críticas de viagens como TripAdvisor.com. Talvez a jogatina on-line seja mesmo o elo entre os early adopters. Um dos sites com maior concentração de integrantes do segmento dinheiro e cérebro chama-se Covers.com, que oferece informações sobre apostas em esportes.

Os jovens digerati

Dos três segmentos, os jovens digerati são o mais afluente, bem como o mais fascinado por tecnologia. Os membros desse grupo tendem a viver na periferia urbana. Têm alto nível de escolaridade e, de todos os grupos, são o mais etnicamente mesclado. De acordo com a pesquisa Claritas, há 1,3 milhão de famílias nesse grupo. Os jovens digerati tendem a trabalhar na área da ciência da computação. Seus hábitos de consumo no varejo não são tão sofisticados como os do segmento dinheiro e cérebro, e esse grupo prefere marcas como Banana Republic e J. Crew. Contudo, essa predileção por marcas menos caras e prestigiosas não se repete com relação aos veículos. Esse grupo está propenso a comprar ou financiar carros Mercedes, BMW ou Range Rover.

A característica mais notável dos jovens digerati, entretanto, é seu interesse em alavancar o que puderem a partir da internet. Seu comportamento de navegação on-line confirma isso. Dos principais sites visitados por esse segmento, o Go Daddy é o número 1,[37] indicando que os membros desse segmento registraram seus próprios nomes de domínio. Também usam intensamente o Google, sendo o único grupo que registra alto índice de uso do Google Calendar, e, assim como a mistura boêmia, tem alta representatividade nas visitas à rede social do Google, o Orkut. Assim como os outros dois grupos, os jovens digerati também visitam sites de apostas em esportes como o Bodog.com.

***

Juntos, esses três grupos representam os early adopters dos sites de redes sociais, tais como YouTube, Flickr, Digg e del.icio.us. Assim que descobrimos esses grupos e chegamos a uma compreensão de quem são seus membros, com base em dados de pesquisas e padrões de comportamento on-line, pudemos ajudar nossos clientes a elaborar programas de marketing on-line que atrairiam usuários da internet mais propensos a atuar como catalisadores para o boca-a-boca a respeito de qualquer novo serviço on-line. Mas havia um uso potencial ainda mais empolgante para esses dados.

Se recarregarmos nossos dados para identificar os early adopters, como fizemos com o YouTube, temos também a possibilidade de combinar os segmentos desses usuários e perguntar o que eles estão fazendo atualmente. Pela primeira vez, temos dados disponíveis para nos informar sobre quais sites os early adopters estão visitando atualmente, transferindo a eles, possivelmente, o prestígio da sua visita.

Por exemplo: acabamos de identificar que dois dos segmentos — a mistura boêmia e os jovens digerati — têm representatividade excessiva na rede social do Google, o Orkut, ou pelo menos tendem a usar o serviço com intensidade bem maior que um usuário médio da internet. Ainda que o Orkut tenha grande linhagem em sua matriz Google, o site, segundo dados de janeiro de 2008, ocupa a 51ª posição entre todas as redes sociais visitadas por usuários da internet nos EUA. Sua participação no mercado de visitas é de minguados 0,17% da categoria redes sociais. Embora haja outros fatores em jogo no que tange a alçar um site — por meio da curva de difusão — à adoção em massa, a presença dos early adopters no Orkut nos diz que o site talvez tenha mais chance que outros de estourar e fazer sucesso.

Podemos também usar essa forma de análise por triagem para identificar tendências de nível superior. Se restringirmos nossa busca reversa para sites da categoria entretenimento-multimídia, por exemplo, e simplesmente examinamos os sites com alta porcentagem de participação dos nossos três segmentos, as tendências emergem. Em janeiro de 2008, podemos perceber que todos os segmentos que compõem o grupo dos early adopters estão interessados em capturar vídeos em streaming que fazem parte do YouTube, e salvá-los como arquivos que possam ser abertos e tocados independentemente da disponibilidade de uma conexão com a internet.[38]

Também sabemos que nosso grupo de early adopters está disposto a testar outros sites de vídeos on-line além do YouTube, experimentando serviços como Veoh e Wikimedia Commons. Essa disposição de experimentar novos serviços demonstra que esse grupo particular de usuários da internet, embora continue a usar serviços on-line mais populares, está sempre de prontidão à procura de algo melhor. Além de buscar melhorias dos atuais serviços on-line, nossos segmentos de early adopters também estão tentando experimentar novos paradigmas de rede social. Esse grupo está particularmente interessado em testar serviços de rede social baseados em webcams, tais como Stickcam.com e Webcamnow.com. Por fim, também sabemos que esse grupo está na linha de frente da integração de entretenimento interativo e a internet, visitando sites como o serviço Yahoo! Bix, que combina rede social e vídeos gerados por consumidores com concursos de talentos on-line. Os usuários do Bix gravam vídeos e carregam esses vídeos para competir nos concursos. O caraoquê é uma categoria particularmente popular de concursos do serviço.

***

Se pudemos visualizar o segundo segmento na curva de difusão de Rogers, então também deve ser possível isolar os outros segmentos do gráfico. A maioria precoce é o segmento seguinte na cadeia de adoção. De acordo com Rogers, os membros desse segmento estão abertos a novas ideias e interagem frequentemente com seus pares. Mas, ao contrário de um membro dos early adopters, o indivíduo típico da maioria precoce raramente é visto como formador de opiniões.

Embora não tenham o mesmo poder de marketing dos early adopters, a presença da maioria precoce na segmentação de um site imediatamente depois do segmento desses consumidores pioneiros poderia seria um bom indicador de que uma determinada tendência on-line está ganhando força,

Aplicando a mesma análise que usamos para identificar os segmentos dos early adopters, voltamos a nossos sites de web 2.0 e examinamos quais segmentos tiveram picos imediatamente depois desses consumidores pioneiros. Um segmento mostrou ser o mais promissor: o segmento número 29, ainda urbano mas menos afluente, a que a Claritas se refere como "sonhos norte-americanos". Enquanto os segmentos dos early adopters representavam famílias da classe alta e da classe média alta, as famílias dos sonhos norte-americanos são maciçamente de classe média. Esse grupo também tende a mostrar uma diversidade étnica bem maior que os outros segmentos dos early adopters.

O comportamento do segmento sonhos norte-americanos com relação a mídias e compras o coloca no vértice da adoção de tecnologia. Seus membros ocupam altas posições nos índices de compras em lojas de computadores, e são tecnologicamente avançados por seu interesse de ouvir música em rádios da internet. Seu comportamento on-line reflete o que os dados da Claritas mostram. Assim como os jovens digerati, eles tendem a comprar computadores e artigos eletrônicos no comércio on-line. Os membros de sua família também visitam redes sociais alternativas como a hi5 e o outrora líder do setor, Friendster.

À medida que seguirmos aperfeiçoando nossa compreensão de como os dados da internet podem nos ajudar a visualizar a difusão de uma nova tecnologia, modelos mais robustos de identificação do fluxo e refluxo do uso comportamental de um determinado segmento vão revolucionar nossa capacidade de comercializar e rastrear o potencial dos novos serviços que surgirem no mercado.

***

Há uma segunda curva no estudo da difusão de inovações que lança luz sobre a velocidade com que as novas tecnologias são adotadas.

Quando demonstramos graficamente a adoção cumulativa de uma nova tecnologia, a curva resultante lembra um formato de "s", com a adoção inicial relativamente lenta se comparada ao crescimento íngreme de uso cumulativo conforme o produto ou serviço caminha para a popularidade. O ponto de inflexão que ocorre também pode ser descrito como "ponto de desequilíbrio", que Malcolm Gladwell nos apresentou em seu livro *O ponto de desequilíbrio*.

A adoção de novas redes sociais e sites de compartilhamento de vídeos é apenas a ponta do iceberg de quais tendências podem ser previstas pelo uso de dados comportamentais da internet. Os mesmos conceitos que utilizamos aqui também podem ser aplicados à indústria da moda (medindo os segmentos que visitam sites voltados à moda ou sites de fabricantes cujos novos itens se tornam as mais recentes tendências da moda), a comportamentos de consumo de mídia e até mesmo para prever o ponto de desequilíbrio de uma nova banda ou artista. E é exatamente disso que trata o próximo capítulo, que nos leva ao outro lado do oceano para uma pequena casa noturna, em Sheffield, na Inglaterra.

Capítulo 11

Os superconectores e a previsão sobre a próxima estrela do rock

Uma banda de rock independente chamada Arctic Monkeys fez seu primeiro show no dia 13 de junho de 2003 no The Grapes, um pub sem grandes atrativos em Trippett Lane, subúrbio de Sheffield, Inglaterra. Se a geografia fosse algum indicador do potencial desse grupo de amigos de escola que formaram uma banda pós-punk, eles estavam em boa companhia. A cidade de Sheffield tem uma rica história como berço de músicos como Pulp, Def Leppard, Human League, Joe Cocker e Thompson Twins.

Naquela noite de verão, uma multidão se apinhou no minúsculo pub, um lugar que com seu palco acanhado e o equipamento da banda mal dava conta da lotação máxima: 60 pessoas. Depois de algumas performances, os Arctic Monkeys ainda continuavam desconhecidos, e então um amigo da banda gravou cópias de um CD de demonstração com algumas canções e começou a distribuir durante o show, iniciando uma campanha publicitária gratuita ao velho e bom estilo FAÇA VOCÊ MESMO do rock independente. Depois de mais alguns shows, a banda já estava tocando no Sheffield Forum para uma grande multidão de fãs que sabiam de cor as letras que Alex Turner (vocalista e guitarrista) sequer tinha memorizado.

A banda não conseguiu entender o que estava acontecendo, mas havia uma razão para o aumento exponencial da base de fãs: algumas faixas do CD distribuído de graça nos shows vinham se alastrando rapidamente, como um incêndio.[39]

"O que aconteceu foi histeria pura", lembra Turner. "Se eu disser 'fenômeno', parece que estou dando uma de metido, mas a gente seria maluco se ignorasse o fato de que o último ano foi incrível. Quando a coisa toda começou, a gente dizia: 'Meu, o que tá acontecendo aqui?!' Eu trabalhava nuns bares e ficava de saco cheio quando as bandas chegavam e diziam: 'A gente trouxe aí uns CDS pra vender. Três libras cada'. Eu pensava, 'Vá se f..., quem vocês pensam que são?!' Teve uma vez em que as pessoas estavam literalmente escalando o palco e se engalfinhando pra pegar os CDS demo, uma doideira só, e a gente começou a pensar, 'P..., meu, que bacana!'".[40] Numa entrevista concedida em 2005, quando a banda estava em turnê pelos Estados Unidos, seus integrantes admitiram que nem sequer sabiam como fazer o upload de suas músicas na internet. "Os fãs simplesmente começaram a enviar uns para os outros os arquivos com as músicas, o que não incomodou a gente nem um pouco, porque não gravamos aquelas demos pra ganhar dinheiro nem nada do tipo. A gente estava dando as músicas de graça de todo jeito — era a melhor maneira fazer as pessoas ouvirem. E isso fazia os shows ficarem melhores, porque as pessoas sabiam as letras e vinham e cantavam junto."[41]

Ouvindo o relato da banda sobre sua rápida ascensão à fama local, qualquer um poderia rapidamente concluir que o sucesso deles foi um acidente bastante fortuito. A música era boa, mas a oferta de CDS gratuitos era limitada. Então, como a base de fãs aumentou com tanta rapidez? Os fãs, reza a lenda, ávidos por compartilhar notícias de sua nova banda favorita, involuntariamente criaram um novo fenômeno de distribuição de músicas. Começaram a oferecer faixas do CD em sites de compartilhamento da internet para que o mundo inteiro as ouvisse. Então houve um mítico primeiro fã, um solitário entusiasta conhecedor de tecnologia que carregou pela primeira vez uma música da banda on-line? Isso continua sendo um mistério, mas na história da banda há pelo menos um evento do tipo, atribuído a dois rapazes que acompanharam e filmaram o grupo ainda nos primórdios da carreira, e que, de acordo com Turner, disponibilizaram as músicas on-line para que fãs e potenciais fãs as ouvissem de graça. Foi a partir daí que a notícia começou a circular.

Sem querer, a banda esteve no epicentro da web 2.0, cuja premissa era a ideia de que os consumidores geram a mídia. Conteúdos na forma de editoriais, músicas e até mesmo vídeos estavam deixando de ser criados e distribuídos exclusivamente pelas grandes editoras e corporações e passaram às mãos dos consumidores, que agora assumiam o poder. Ao longo do ano seguinte, um website mudaria a fisionomia da internet e levaria a um novo fenômeno que ficou conhecido como "geração MySpace".

MySpace: mudando o campo de jogo

No sul da Califórnia, durante aquele mesmo verão de 2003, os amigos Tom Anderson e Chris DeWolf reuniram um pequeno grupo de programadores que eles tinham conhecido num serviço de compartilhamento de arquivos para o qual trabalhavam chamado XDrive. O objetivo: criar uma nova geração de websites de compartilhamento de arquivos. O time combinou os melhores componentes dos sites de compartilhamento de arquivos (Craigslist, Evite, e mp3.com) e o resultado foi um site que permitia aos usuários criar sua própria página no serviço, carregar fotos e arquivos de música e, o mais importante, convidar amigos para se conectar e visitar seu site, criando uma rede social on-line. O site foi chamado de MySpace.

De acordo com DeWolf, a música foi o grande catalisador do sucesso inicial do MySpace. "Lançamos o MySpace em 2003, convidando bandas locais e donos de casas noturnas para publicar páginas, permitindo que outros usuários se tornassem 'amigos' deles... As bandas foram nossa maior ferramenta de marketing. Todas essas pessoas criativas tornaram-se embaixadoras do MySpace, usando-nos como sua plataforma promocional de fato. As pessoas gostam de falar sobre música, por isso as bandas estabeleceram um ambiente natural para se comunicar."[42] Para assegurar o sucesso do MySpace, os fundadores buscaram gente influente em outros sites de rede social, como o Friendster. Uma das maiores influências foi a "Cybergata" da revista *Playboy*, que atendia pelo apelido de Tila Tequila. Ela foi crucial para o sucesso do MySpace, e por sua vez o MySpace foi crucial para o sucesso dela.

Conheça o superconector

Mas antes de chegar a Tila Tequila, vamos abrir um parênteses e ponderar sobre o que está em jogo quando falamos de redes sociais. Um bom lugar para começar é a obra de Robin Dunbar, antropólogo britânico especialista em padrões de socialização de primatas. Sua contribuição mais célebre para o estudo das redes sociais é uma coisa chamada de "regra dos 150".[43] A ideia, de acordo com Dunbar, é que existe um limite natural para o número de contatos significativos que cada um de nós é capaz de estabelecer, e esse número é 150.[44] Para provar seu argumento, Dunbar entrevistou indivíduos sobre quantos cartões de Natal eles tinham enviado no ano anterior. Trabalhando com a suposição de que nossas listas de pessoas a quem enviamos cartões de Natal representam uma estimativa aproximada dos indivíduos no âmbito de nossa rede social, Dunbar descobriu que a resposta média era de 153,5 contatos significativos.[45]

Contudo, há um grupo seleto de pessoas cujas redes sociais excederam em muito a regra dos 150 de Dunbar. Malcolm Gladwell descreveu na *New Yorker* o perfil biográfico de uma mulher assim, num artigo que mais tarde foi incluído em seu seminal livro *O ponto de desequilíbrio*.

No perfil, Gladwell nos apresenta uma vovó de Chicago chamada Lois Weisberg, comissária de assuntos comunitários de Chicago. Weisberg era um exemplo perfeito de como os indivíduos com amplos círculos sociais são responsáveis pelo "fenômeno do mundo pequeno". Esse fenômeno é comumente conhecido como "seis graus de separação", ou a ideia de que qualquer pessoa no mundo está conectada a qualquer outra através de no máximo seis pessoas. E o que Weisberg tinha de especial, ficamos sabendo no livro, era sua sede insaciável para estabelecer conexões entre as pessoas.

Gladwell escreveu:

> O epicentro da administração municipal... Lois está longe de ser a pessoa mais importante ou mais poderosa de Chicago. Mas se você ligar todos os pontos que constituem o vasto aparato do governo e da influência e dos grupos de interesse da cidade de Chicago vai acabar voltando de novo e de novo para Lois. Lois é uma conectora.[46]

O que é importante, além disso, foi o que motivou Weisberg a descobrir e se conectar com tantas pessoas. "Ela não cria redes de contato só por criar", disse um conhecido. "Acho que ela simplesmente tem a certeza de que todas as pessoas no mundo, quer ela as tenha conhecido ou não, já estão na sua agenda, e que tudo o que ela tem a fazer é dar um jeito de chegar a elas para conseguir se conectar."[47] Num exemplo impressionante de sua obsessão por juntar as pessoas, Weisberg engendrou esforços para espalhar pela cidade trezentas mesas de pingue-pongue, atraindo todo tipo de pessoas cujos caminhos normalmente não se cruzariam, "homens de negócios, turistas e crianças para resolver as diferenças numa competição que deixou um rastro de boas sensações depois que os jogos terminaram".[48]

***

A paisagem mudou desde que Gladwell escreveu *O ponto de desequilíbrio*. O advento das redes sociais on-line que vivem e morrem no MySpace, YouTube e Facebook (e suas incontáveis imitações) criou, conforme descobriremos, um novo gênero de conectores. E, deixando de lado por um momento a natureza das amizades e conexões nascidas por meio dessas redes, é importante notar que essa nova categoria de conectores conta seus "amigos" na casa dos milhares ou mais.

Quando Jonathan Abrams fundou a primeira rede social on-line, o Friendster, em 2002, o site criou uma missão viral entre seus usuários. A missão: acumular o máximo possível de amigos. O conceito ficou conhecido como "círculo de amigos". No final de 2003, a expansão no uso e na base de usuários criou demandas inesperadas na infraestrutura do site, que acabou se tornando vítima de seu próprio sucesso. Cada vez mais frustrados com o desempenho precário do serviço, os usuários começaram a abandonar o site. Em meio ao declínio da popularidade do Friendster, várias outras redes sociais começaram a surgir: Facebook, Bebo e, com maior notoriedade, o MySpace.

De repente, a regra dos 150 de Dunbar começou a parecer uma esquisitice. Na terra do MySpace não era incomum encontrar usuários que tinham dezenas e até mesmo centenas de milhares de amigos. Em certo sentido, o advento das redes sociais on-line criou e capacitou uma nova espécie de conectores. Vamos chamá-los de "superconectores".

Medida exclusivamente pelo número de conexões, Lois Weisberg poderia facilmente ter demonstrado ser a exceção à regra dos 150 de Dunbar. Dito isso, ela não é páreo para o arquétipo do superconector, uma celebridade virtual de mau gênio e boca-suja que atende pelo apelido de Tila Tequila. Descendente de vietnamitas e nascida Thien Nguyen, a senhorita Tequila, no momento em que este livro foi escrito, era a personalidade mais popular do MySpace, contando com 1.645.873 amigos em sua rede e com aproximadamente 250 milhões de visitas a seu perfil.

Tequila foi atraída para o MySpace pelo fundador da rede, Tom Anderson, que reconheceu antecipadamente o influente papel que ela desempenhava no Friendster. Não foi muito difícil convencê-la. Tequila já tinha sido expulsa várias vezes do Friendster por causa de seu temperamento "mal-educado". "Entrei para o MySpace em setembro de 2003. Naquela época não havia ninguém por lá. Eu me sentia um peixe fora d'água, como se todas as pessoas bacanas estivessem estudando em outra escola. Daí mandei uns 30 ou 50 mil e-mails para um monte de gente, e do dia para a noite todo mundo migrou."[49]

Por meio de suas conexões on-line, Tequila converteu sua celebridade num império, incluindo o papel de apresentadora do programa *Pants-Off Dance-Off*, do canal a cabo Fuse TV, o patrocínio de um empresa de telefonia celular, uma linha de roupas e um álbum a ser lançado pela gravadora A&M. Alguns versos do compacto *F* You, Man*, distribuído exclusivamente pelo MySpace, oferecem um vislumbre do mundo autocentrado de Tila Tequila. Na letra, ela tenta convencer outras mulheres no MySpace de que não está dando em cima dos seus homens.

É óbvio que ninguém discutiria que a rede de amigos de Tequila não é composta de "amigos", no sentido da regra dos 150 de Dunbar, e nem possui a qualidade das conexões que Lois Weisberg criou. Mas está claro que a sua ascensão para o estrelato foi impulsionada por suas ciberconexões, e que essas conexões têm um valor real que vai muito além da massagem de ego. A ascensão das redes sociais on-line para o propósito de epidemia social e pontos de contato devastou a noção das 150 conexões e deu ensejo a uma definição totalmente nova para poder social, influência, alavancagem e, consequentemente, tendências.

***

Revisitemos agora as diferenças qualitativas entre Tequila e Weisberg. Os conectores tradicionais pré-web 2.0 estavam ainda muito ligados à própria noção de conexão. Para Weisberg e o seu pessoal, a mágica estava em conectar o amigo "A", que adora bolsas antigas, e o amigo "B", que tem uma banquinha de sacolas no mercado de quinquilharias de Chicago. Os conectores da velha escola viviam para juntar pessoas com afinidades em comum, interesses em negócios mútuos ou simplesmente aquele romântico *je ne sais quoi*.

Tequila, por sua vez, numa entrevista concedida na MSNBC a Tucker Carlson, ao ser indagada sobre seu sucesso, respondeu: "Sempre tive essa coisa de querer a atenção de todo mundo... É mais ou menos como ser uma piranha, se é que você me entende...". Quando perguntada sobre o que ela faz o dia todo, ela respondeu: "Eu nunca durmo. Dominar o mundo não é tarefa fácil". E quanto tempo ela passa no MySpace? "Cerca de 24 horas por dia." Em outras palavras, as milhões de conexões de Tequila são basicamente uma função de sua vaidade e egoísmo, de seu desejo de fama e fortuna.

O que é empolgante para nosso propósito acerca do surgimento dos superconectores é que eles, assim como Tequila, vivem o tempo todo on-line. Como observa Gladwell em *O ponto de desequilíbrio*, os conectores são um ingrediente necessário para o início das epidemias e tendências sociais. Os superconectores de hoje desempenham esse mesmo papel, mas com um poder bem maior, derivado de suas vastas redes on-line. Se rastrearmos o comportamento agregado dos superconectores e o restante do mundo das redes sociais on-line, podemos quantificar os estágios iniciais de uma epidemia ou tendência, isto é, podemos identificar o ponto de desequilíbrio. Em suma, hoje, nós — empresas e antropólogos muito cultos, mas sem experiência a respeito do assunto, ou mesmo analistas do espírito da época — já podemos prever o que vai acontecer no mundo off-line examinando o que já está acontecendo bem debaixo do nosso nariz.

Encontrando o ponto de desequilíbrio on-line

Como vimos no capítulo 9, previ o vencedor do programa britânico *Strictly come dancing*, aquele reality show baseado num concurso de danças de salão. A história foi a seguinte: usando o volume de buscas aos vários competidores como indicador da popularidade de cada participante, previ, diante de uma multidão de 200 clientes da Hitwise, num seminário sobre buscas na internet, que o jogador de críquete Mark Raprakash seria o vencedor da temporada. Heather Hopkins, nossa chefe de pesquisas em Londres, ligou-me para avisar que eu não tinha feito papel de bobo nem havia exposto a empresa ao ridículo. Com base exclusivamente no comportamento de buscas, havíamos feito mais uma previsão correta sobre o resultado de um reality show.

Mas Heather estava empolgada com um método mais acurado de previsões. Fã ardorosa da obra de Malcolm Gladwell, Heather argumentou que se as atividades dos conectores estão relacionadas à adoção de uma nova tendência, e se podíamos ver a atividade agregada dos novos superconectores através de nossos dados, será que não tínhamos condições de prever tendências antes de todo o mundo?

***

Em outubro de 2003, na mesma época em que o MySpace foi ao ar, os Arctic Monkeys lançaram seu primeiro compacto, *I bet you look good on the dance floor*, pela Domino Records, pequeno selo independente que funcionava no apartamento de seu fundador, em Londres. A música foi direto para o topo da parada de singles no Reino Unido, sem nenhum tipo de ajuda de uma grande gravadora.

Logo depois da estreia do primeiro compacto dos Arctic Monkeys, Heather começou a investigar a maneira como uma banda relativamente obscura poderia chegar ao estrelato sem o apoio da estrutura de uma grande gravadora. Ela começou examinando as visitas ao website oficial da banda por ocasião do primeiro single.

Como sabemos, quando estão on-line os usuários da internet deixam um rastro dos sites que visitam. Para cada um dos 800 mil sites dos quais coletamos informações, podemos ver quais são visitados imediatamente antes e imediatamente depois do site em questão, isto é, o fluxo de cliques. Há vários tipos de ferramentas investigativas à nossa disposição, mas nesse caso o fluxo de cliques do MySpace e do website da banda eram a chave para descobrir o consciente coletivo dos superconectores e de seu séquito.

Enquanto se formavam filas do lado de fora do pub The Grapes, em Sheffield, começou o burburinho on-line, turbinado pelos arquivos de MP3. Sem dúvida, a origem de tudo foi a distribuição gratuita dos CDs demo nos shows. Os usuários do MySpace começaram a disponibilizar músicas da banda em suas páginas de perfil. Quando os superconectores das redes sociais — as Tilas Tequilas da vida — começaram a incluir os Arctic Monkeys em seus perfis, o interesse pela banda se alastrou instantaneamente.

Para compreender o sucesso dos Arctic Monkeys, precisávamos de um lugar para começar nossa análise, um ponto de partida. Se a popularidade dos termos de busca funcionou bem para a previsão dos resultado de reality shows, dessa vez isso era apenas uma peça do quebra-cabeças. O que queríamos descobrir era o impacto dos superconectores no sucesso dos Arctic Monkeys, e para tanto precisávamos de uma âncora para a *persona* on-line da banda. Graças a Deus, no mundo da música de hoje em dia nenhuma banda com o mínimo de respeito próprio existe sem um website. O website oficial dos Arctic Monkeys (www.arcticmonkeys.com) foi nossa âncora.

O segredo para investigar o efeito de um superconector no sucesso de uma banda está oculto nos dados que contam a história de como os internautas navegaram até o website oficial da banda. Assim como a corrente de ar originada pelo bater das asas de uma borboleta altera os padrões do clima do outro lado do planeta, um roqueiro de Sheffield disponibilizando trechos de músicas em seu perfil do MySpace, a partir de um CD demo que ele ganhou no pub The Grapes, poderia igualmente ser o responsável pela reação em cadeia que alçou os Arctic Monkeys ao estrelato.

A mecânica da promoção de música num mundo pós-Arctic Monkeys é bastante simples. Hoje em dia, juntamente com o website oficial da banda, a maior parte dos músicos cria um perfil no MySpace. Além da biografia, os websites incluem a programação da turnê, fotografias e arquivos de músicas executáveis no âmbito do domínio do MySpace. O passo seguinte é crucial. Uma banda pequena convidará superconectores ou pessoas influentes do MySpace — falastrões escolhidos a dedo que fazem o trabalho dos fãs originais dos Arctic Monkeys — para visitar sua página, ouvir e baixar as músicas. Usando uma abordagem desse tipo, poucos e influentes usuários vão despertar a curiosidade de milhares, e o convite estará lançado. À medida que esses usuários carregam em sua página os arquivos da banda para que outras pessoas ouçam as músicas, cria-se uma rede social viral em torno das canções da banda. É como a versão do século XXI daquela situação em que o roteiro de um jovem escritor ainda desconhecido desperta o interesse de um diretor consagrado do primeiro time.

Num certo momento, enquanto os arquivos continuam se multiplicando on-line e as visitas ao perfil do MySpace vão aumentando, a notícia se espalha para além dos muros das redes sociais e chegam aos ouvidos de fãs de música do mundo todo. Os usuários da internet que visitam blogs e sites populares de música ouvem o bochicho sobre uma nova banda inglesa e recorrem a suas máquinas de busca para saber mais sobre os artistas. Assim como ocorreu no caso de nossos participantes de reality shows, as buscas aos Arctic Monkeys começaram a crescer vertiginosamente, o que era indicador de sua crescente popularidade.

Voltando ao fluxo de visitas ao website da banda, à medida que os usuários continuam a encontrar mais informações sobre as músicas e apresentações ao vivo, as visitas ao website a partir de máquinas de busca ultrapassam as visitas originadas do frisson gerado pelas redes sociais. É aí, na intersecção das duas fontes de tráfego, que está o ponto de desequilíbrio.

Encontrando o ponto de desequilíbrio para músicos on-line

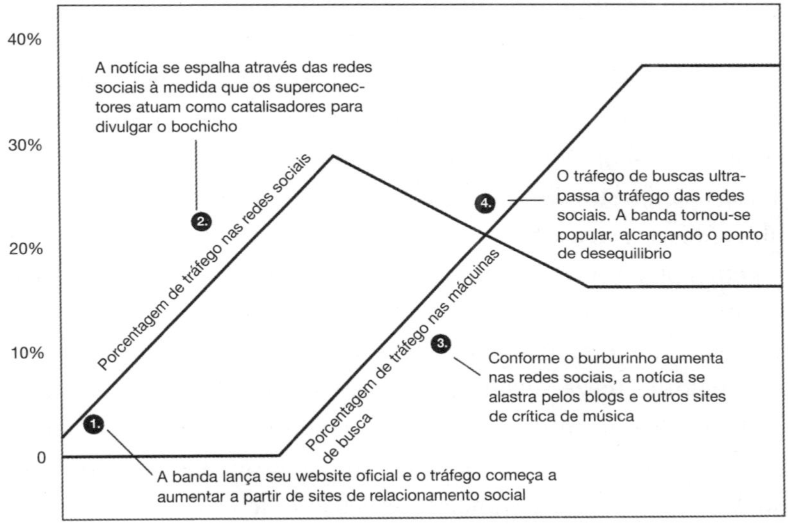

Os executivos da indústria fonográfica podiam fiar-se na própria intuição para contratar um artista novo para sua gravadora. Alguns podiam confiar em pesquisas de mercado ou até mesmo em algoritmos que fatoram altura, frequência, timbre, progressão de acordes e ritmo para escolher seu próximo artista sensação. Na era atual, em que existe a figura do superconector, ocultos em meio aos hábitos de navegação na internet dos fãs de música jazem os segredos da popularidade potencial de um artista. O comportamento observado na forma de visitas à página oficial de uma banda — a partir do MySpace e outras redes sociais — pode ser a bola de cristal que a indústria do entretenimento vem procurando.

Depois de testar nossa teoria em algumas bandas novas e verificar o intercâmbio entre as redes sociais e as buscas-visitas, o próximo passo lógico seria procurar as bandas que estavam recebendo o maior volume de visitas de redes sociais como primeiro passo para prever as estrelas de amanhã.

A primeira vez que extraí a lista das vinte bandas que mais recebiam tráfego a partir do MySpace Music fiquei espantado. Encontrei uma mistura de novos talentos e velhos suspeitos de sempre. Elaborando gráficos de tráfego de busca *versus* redes sociais para o site de cada banda, descobri que o ponto de desequilíbrio dos músicos não era uma ocorrência única, mas podia se repetir por diversas vezes ao longo da carreira, conforme seguiam na ativa, lançando discos e saindo em turnês.

Obviamente, por vezes as revelações de nossos dados são resultado de felizes acontecimentos casuais. Pensando na descoberta de Heather, eu estava procurando outros exemplos semelhantes de ponto de desequilíbrio. Certo dia, descendo de carro a rua do Mercado, em São Francisco, o letreiro de uma casa de espetáculos chamou minha atenção. Era o anúncio com datas de shows de uma banda chamada Fall Out Boy.

Eu sabia que já tinha visto aquele nome antes. O site oficial da banda estava entre os principais de sua categoria e, se não me falha a memória, eles eram a banda que recebia o maior volume de tráfego a partir do MySpace Music.

O Fall Out Boy é uma banda de pop punk formada em 2001 em Wilmette, subúrbio de Chicago, Illinois. O estilo do Fall Out Boy é muitas vezes descrito como "emo", variedade influenciada pelo punk com raízes fincadas no cenário hardcore de Washington DC nas décadas de 1980 e 1990. O nome "emo" é derivado de "emocional", e reflete a propensão de certos artistas de rock para produzir arroubos emocionais durante suas apresentações.

Embora a banda esteja longe de ser uma unanimidade, ou mesmo amplamente conhecida, seu segundo disco, *From under the cork tree*, chegou à posição número 9 na parada de álbuns da

Billboard em 2005. Porém, no intervalo de tempo entre o lançamento desse álbum e o disco seguinte, em fevereiro de 2007, a banda começou a resvalar para a obscuridade, despencando da quinta posição entre os sites de bandas mais visitados nos Estados Unidos para a posição 410 em outubro de 2006.

Quando a banda atingiu o fundo do poço, na sua pior posição em dois anos na categoria "música, bandas e artistas" da Hitwise, as buscas e o tráfego das máquinas de busca por "Fall Out Boy" também chegaram ao lugar mais baixo no mesmo intervalo de tempo. Mas uma outra coisa chamou minha atenção: as visitas ao site da banda a partir de redes sociais estavam atingindo o ponto mais alto de todos os tempos. O bochicho que cercava a banda com o lançamento de um novo disco estava chegando ao ponto de ebulição.

Participação de mercado de visitas às categorias "redes sociais" e "máquinas de busca"

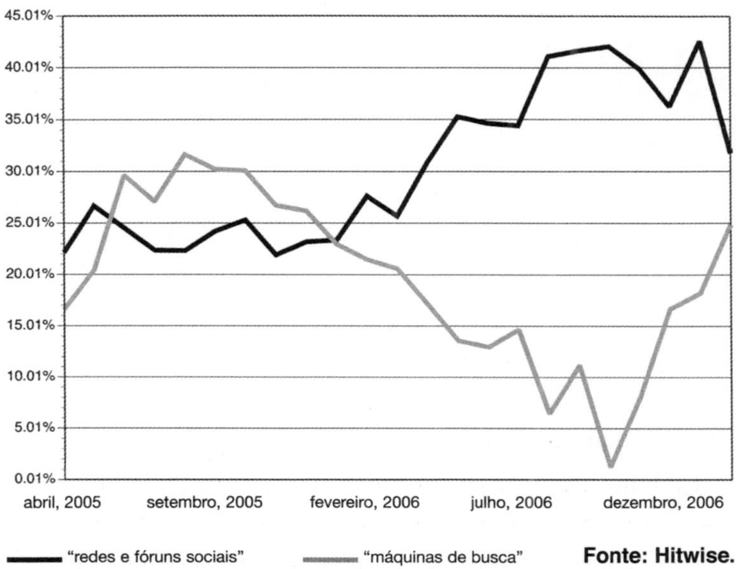

Na última semana de outubro de 2006, o tráfego a partir de redes sociais tinha chegado ao seu ápice, e o tráfego das máquinas de busca, que tão recentemente vinha diminuindo, estava aumentando a uma taxa surpreendente. A profecia se anunciava: o Fall Out Boy rumava para seu segundo ponto de desequilíbrio. Com base na amplitude de tráfego de sites como MySpace (42% de todo o tráfego do Fall Out Boy em outubro), previ que o álbum da banda a ser lançado em fevereiro de 2007 seria um campeão de vendagens.

Vários meses depois, quando saiu o terceiro álbum da banda, *Infinity on high*, eles se encontravam na primeira posição entre os Top 200 da *Billboard* já na primeira semana, vendendo 260 mil cópias e ganhando disco de platina no primeiro mês após o lançamento.

Epílogo

Quem somos nós e por que isso é importante

Às vezes me sinto esmagado pelo número de histórias que ainda estão escondidas dentro dos dados esperando para serem descobertas. Ao longo destas páginas tratamos de um conjunto bastante variado de histórias de dados: das entranhas da internet, simbolizadas nas visitas a sites de entretenimento adulto e jogos de azar, à popularidade de vestidos de baile de formatura, lutadoras de luta livre e os Arctic Monkeys. Juntando essas histórias, qual é o significado de tudo isso?

A ideia para procurar uma correlação entre tópicos ou tentar ter alguma sacada sobre um tópico particular pode vir de diversas fontes. No meu caso, isso geralmente acontece no plano de fundo — alguma coisa que escuto no rádio ou na televisão ou um trecho de uma conversa que ouço por acaso.

Certa manhã, enquanto me preparava para sair para o trabalho com a tevê ainda ligada ao fundo, ouvi algo que despertou meu interesse. Estava sendo exibido um comercial do Mirapex, medicamento para uma doença recém-descoberta pela medicina — a "síndrome da perna inquieta", ou SPI — definida pelo Instituto Nacional de Desordens Neurológicas como "distúrbio caracterizado por uma sensação desconfortável nas pernas e uma incontrolável vontade de se mexer num esforço de aliviar essa sensação". Na condição de batedor de pé crônico, fiquei incrédulo com relação à existência de tal doença e ao mesmo tempo não pude resistir a me perguntar se eu tinha contraído tal enfermidade.

Assim que virei as costas para a tevê, a voz sobreposta do narrador leu uma coisa coisa fora do comum: "Se você sofre de vício em jogos de azar, talvez esse medicamento não seja recomendado para você".

Ahn? Fui obrigado a apertar a tecla "voltar" do nosso gravador de vídeo digital Tivo para me certificar de que tinha ouvido direito. Em poucos minutos eu já tinha acessado minha ferramenta Hitwise, tentando encontrar alguma forma de correlação positiva entre a síndrome da perna inquieta e a jogatina on-line. Desapontado por não conseguir encontrar nenhum aumento no volume de visitas a sites de apostas on-line que correspondessem ao gigantesco pico de buscas por "síndrome da perna inquieta", retornei à pesquisa da literatura médica. Na tentativa de encontrar a conexão, descobri que um estudo na Universidade Johns Hopkins estabelecia a ligação entre o medicamento e comportamentos compulsivos.[50]

Prosseguindo com a investigação, encontrei uma interessante oportunidade para outras análises. A pesquisa desencavou vários céticos acerca da nova doença e um estudo fazia a seguinte e crucial pergunta: será que a cobertura que a mídia vem fazendo da doença está na verdade nos deixando doentes ou pelo menos está nos fazendo pensar que estamos doentes?[51]

A representação gráfica do volume de buscas ao termo "síndrome da perna inquieta" indicou um pico dramático nas pesquisas ao termo quando a FDA aprovou o medicamento Requip. Batendo o pé de ansiedade, elaborei gráficos das buscas a sintomas da SPI, tais como "balançar a perna", com o intuito de ver se as buscas antecipavam-se à exibição dos comerciais dos remédios para o tratamento da doença. Nada!

Embora não tenha localizado dados sobre a conexão entre o lançamento do medicamento e o conhecimento sobre a doença, o rápido exercício matinal de lançar mão de dados da internet para encontrar uma potencial conexão serviu como lembrete do valor que se esconde em nossa navegação e nosso comportamento de buscas na internet. Nesse caso, a cobertura da mídia acerca de um novo remédio não causou um aumento nas buscas ao medicamento, mas sim à própria doença, provando que as informações disseminadas por noticiários e comerciais podem, de certa maneira, suscitar nossa resposta on-line.

Em nossas vidas cada vez mais conectadas, somos bombardeados com notícias e informações de uma miríade de canais (televisão, livros, imprensa escrita, rádio e a internet), algumas úteis, algumas nem tanto. É interessante, como no caso da SPI, quando reagimos a essa informação interagindo com a própria fonte. Quando vistas coletivamente, as informações a que reagimos — e como reagimos a elas — revelam ideias e percepções sobre o que nos afeta.

De uma perspectiva de negócios é inestimável ter uma visão das relações circulares de causa e efeito — do uso simples e tático do planejamento quando se trata de promover produtos on-line, tais como vestidos de bailes de formatura e anéis de noivado, à visualização do ponto de desequilíbrio de Malcolm Gladwell na elaboração de gráficos comparando buscas *versus* redes sociais no tocante ao tráfego do website de uma banda de rock.

Além de aprender mais sobre nós mesmos por meio das pseudoconversas que temos com máquinas de busca como o Google a respeito de nossos medos ou da tentativa de entender alguma coisa que não é clara para nós, nosso uso de dados da internet nos permite ver em escala grandiosa teorias como a difusão da inovação que Bryce Ryan elaborou nos milharais de Iowa. Agora podemos ver que essas mesmas difusões perdem a eficácia diante de sites como YouTube, MySpace e Facebook, e até mesmo na hora de identificar os membros de cada grupo que fazem com que a tecnologia se espalhe por nossa sociedade.

Mas quando voltamos à questão de por que esses dados são importantes, o que fica claro nas observações que fiz em meus quatro anos estudando padrões de comportamento na internet é que a própria internet está mudando a maneira como experienciamos o mundo.

Para constatar essa mudança de que estou falando não é preciso ir além da indústria de jornais. Se recuarmos no tempo até meados da década de 1990, a maioria de nós ainda consumia parte de nossa dose diária de notícias à mesa do café-da-manhã. Quando abríamos o jornal de manhã, o conteúdo era, por falta de um termo melhor, "novidade" para nós. À noite complementávamos nossa informação com a cobertura televisiva da mídia local e nacional. Em raras instâncias, tais como nas tragédias nacionais, tentativas de assassinato ou outras notícias urgentes e de última hora, se estivéssemos perto de um televisor receberíamos as notícias no momento em que aconteciam.

Hoje, com os websites de notícias, feeds de RSS e blogs temos a possibilidade de receber todas as notícias sob encomenda, num formato e lugar adequados às nossas necessidades — em desktops, laptops e, para algumas pessoas, telefones como o iPhone. Para a maioria de nós que somos "conectados", quando abrimos o jornal de manhã a maior parte do conteúdo é notícia velha, itens que lemos na tarde ou na noite anterior.

A ruptura imposta pela internet à indústria das notícias não termina aí. Os anúncios classificados, outrora fonte de renda vital para os jornais impressos, não são páreo para classificados on-line como Craigslist ou para o gigantesco mercado de compradores e vendedores que negociam no eBay. Até mesmo os obituários tornaram-se obsoletos, uma vez que sites como Legacy.com oferecem uma base de dados interativa dos falecidos. Por fim, o próprio conteúdo já não se limita mais às salas de redação: a ascensão do jornalismo cidadão provou que as notícias já não estão mais sob o domínio dos jornalistas profissionais.

As mudanças na indústria dos jornais são apenas o começo. À medida que continuarmos nos tornando mais interativos com a informação disponível em nossas telas e nas pontas dos dedos, a maneira como vivemos vai mudar, seja na hora de fazer compras, tomar decisões ou até mesmo fazer amigos.

A compreensão de como mudamos será primordial para o sucesso das empresas e negócios, conforme elas se adaptam ao mercado e servem a suas necessidades de evolução. O que os usuários da internet estão fazendo on-line a cada dia, e como mudaremos amanhã, no mês que vem ou no próximo ano? Se você não sabe, seu único recurso será adivinhar ou aplicar as regras tradicionais de mercado que foram desenvolvidas antes da nova era da informação.

Por que a análise de nosso comportamento coletivo na internet é tão importante? Entre outras razões, trata-se de nos compreendermos melhor e como estamos constantemente nos adaptando ao nosso mundo em rápida evolução. Em termos mais simples, quem quiser entender este novo mundo conectado e a maneira como escolhemos viver nele não precisa procurar em outro lugar além da internet. Afinal de contas, nós somos aquilo em que clicamos.

Notas

Capítulo 1 — PPC: pornografia, pílulas e cassinos

1. Ron Jackson. DM *Journal*, 9 dez. 2006.
2. Ibidem.
3. Ibidem.
4. John Leland. "Suffering the Pornographers". *New York Times*, 31 set. 2004.
5. "Man have Sent 2 Billion Viagra Spam e-mails". USA *Today*, 13 set. 2006. Disponível em: www.usatoday.com/tech/news/2006-09-13-viagra-spam_x.html.

Capítulo 2 — Dizendo o que realmente pensamos

6. Peverill Squire. "Why the 1936 Literary Digest Poll Failed". *Public Opinion Quarterly*, nº 52, 1988, pp. 125-33.
7. É preciso observar que os leitores de publicações de moda adolescente estão mais propensos a ficar conectados, o que pode enviezar o fluxo de cliques para outras propriedades de moda on-line.

Capítulo 3 — O baile de formatura em janeiro

8. "Teens Spending Billions for Prom Magic". *Associated Press*, 27 maio 2003.
9. Patricia Leavy. *Iconic Events*. Lanham, MD: Lexington Books, 2007, p. 178.

Capítulo 4 — As promessas não cumpridas e a síndrome da falsa esperança

10. John C. Norcross, Marci S. Mrykalo e Matthew D. Blagys. "Auld Lang Syne: Success predictors, change processes, and self-reported outcomes of New Years's resolvers and nonresolvers". *Journal of Clinical Psychology*, v. 58, nº 4, 2002.
11. IBM Consumer Media Survey. Disponível em: www-03.ibm.com/industries/ media/doc/content/landing/250729111.html.
12. Sanford C. Bernstein Research. "Pipe Dreams", maio 2004.

Capítulo 5 — A síndrome da adoração de celebridades

13. Margaret Gibson. "Some Thoughts on Celebriry Deaths, Steve Irwin and the Issue of Public Mourning". *Mortality*, v. 12, nº 1, 2007, pp. 1-3.
14. De acordo com a revista *Ask Men*, Perez Hilton mudou o nome de seu blog para Perez Hilton.com em função da pressão legal por parte do *New York Post*. Disponível em: www.ask.men.com/business_politics_60/87c_perez_hilton.html.

Capítulo 6 — Do que você tem medo, e outras perguntas reveladoras

15. Kessler et alii. "Social Phobia Subtypes in the National Comorbidity Survey. *American Journal of Psychiatry*, v. 155, maio, 1998, pp. 613-9.
16. Disponível em: www.chagethatsrighjtnow.com/problem_detail.asp?sdid=14040:1595.
17. R. C. Kessler, W. T. Chiu, O. Demler e E. E. Walters. "Prevalence, severity and comorbidity of twelve-month DMS-IV disorders in the National Comorbidity Survey Replication (NCS-R). *Archives of General Psychiatry*, v. 62, nº 6, jun., 2005, pp. 617-27.
18. Disponível em: www.nimh.nih.gov/health/topic/social-phobi/index.html.

19. De maneira intermitente, o website PostSecret.blogspot.com permitia que o usuários submetessem textos na forma de comentários, o que, por fim, através de uma seção separada do site, tornou-se a Comunidade PostSecret.
20. A rua fictícia da série *Desperate housewives*, grande sucesso da rede ABC.

Capítulo 7 — Web Quem.0

21. Disponível em: http://encarta.msn.com/encyclopedia_761551647_3/Encyclopedia.html
22. Disponível em: http://en.wikipedia.org/wiki/History_of_Wikipedia. Dada a natureza volátil da Wikipedia (isto é, qualquer um pode editar os conteúdos do site a qualquer momento), este capítulo conterá as únicas ocorrências da Wikipedia usadas como referência neste livro. Devido à natureza da Wikipedia, não posso garantir para o leitor que aquilo que serviu de referência durante a elaboração deste livro existirá no site da mesma forma em que foi citada aqui.
23. Ibidem.
24. Número de fotografias da Torre Eiffel no Flickr em 18 de dezembro de 2007.
25. Disponível em: www.wired.com/wired/archive/12.10/tail_pr.html
26. Disponível em: www.useit.com/alertbox/participation_inequality.html.
27. O serviço de avaliação do consumidor do TripAdvisor baseia-se num ranking de 1 a 5, em que 1 é a menor pontuação qualitativa e 5 é a mais alta.
28. "The economics of *Groundhog Day*", publicado em 30 ago 2006. Disponível em: www.mises.org/story/2289.
29. *The New Yorker*, 5 jul. 1993, p. 61.

Capítulo 8 — A obsessão pelos dados e a conexão televisão-internet

30. De acordo com a Direct Newsline (Ward's, 20 abr. 2005), as primeiras unidades do Pontiac Solstice Edição Especial se esgotaram 51 minutos após a exibição do comercial. Mais de 20 mil visitantes se inscreveram numa lista de espera para comprar o carro.
31. A indústria de otimizadores de máquinas de busca (*search engine optimizers*, SEOs), é dividida em dois tipos de otimizadores. Os "chapéus brancos" empregam práticas aprovadas pelas políticas dos mecanismos de busca para garantir a seus clientes a melhor colocação nos resultados de busca. No outro campo estão os "chapéus pretos", que se valem de vários truques e trapaças no âmbito de seu arsenal para aumentar o ranking de um cliente em resultados orgânicos.

Capítulo 9 — A luta livre feminina e arbitragem dos mercados financeiros

32. Eu entendo que pode haver algumas diferenças demográficas entre o espectador do programa que vota por telefone e aquele que votaria on-line, mas inferi que mesmo os votantes por telefone poderiam realizar buscas pelo competidor caso fossem verdadeiros fãs e quisessem obter mais informações sobre seu dançarino favorito.

Capítulo 10 — Localizando os early adopters

33. Everett M. Rogers. *Diffusion of Innovations*. New York: Free Pres, 1995, p. 283.
34. Ibidem, p. 284.
35. Kevin Allison. *Financial Times*, 10 abr. 2006.
36. Entre 17 de dezembro de 2005 e 20 de fevereiro de 2006, o vídeo foi visto mais de cinco milhões de vezes no YouTube.

37. GoDaddy.com é uma empresa de registro de domínios e hospedagem da internet.
38. Sites como YouTube transmitem em streaming seu conteúdo de vídeo. Esse método requer que o usuário esteja conectado à internet. Para exibir novamente o arquivo o usuário deve manter ou reiniciar a conexão. Estão disponíveis na internet vários softwares que permitem que os usuários capturem e salvem arquivos de vídeo, geralmente violando material protegido por direitos autorais.

Capítulo 11 — Os superconectores e a previsão sobre a próxima estrela do rock

39. Biografia dos Arctic Monkeys. Disponível em: www.ilike.music.com.
40. "Arctic Monkeys in Concert". Disponível em: www.npr.org. Acesso em: 26 mar. 2006.
41. Dave Park. "Arctic Monkeys aren't fooling around (Parte 1)". *Prefix Magazine*, 21 nov. 2005. Disponível em: www.prefixmag.com.
42. Chris DeWolf. "MySpace Cowboys". CNN Money.com, 4 nov. 2006.
43. R. I. M. Dunbar. "Neocortex size as a constraint on group size in primates". *Journal of Human Evolution*, v. 22, pp. 469-93. A regra dos 150 é o limite cognitivo teórico dos indivíduos com quem qualquer pessoa pode manter relacionamentos estáveis.
44. R. A. Hill e R. I. M. Dunbar. "Social Network Size in Humans". *Human Nature*, v. 14, nº 1, pp. 53-70.
45. Ibidem, p. 57.
46. Malcolm Gladwell. "Six Degress of Lois Wesberg". *The New Yorker*, 1º jan. 1999.
47. Ibidem.

48. Christopher Conte. "Culture and Whimsy", *Governing*, nov. 2001.
49. Lev Grossman. "Power to the People". *Time*, 17 dez. 2006.

Epílogo

50. *Archives of Neurology*, jul. 2005.
51. *Public Library of Science Medicine*, abr. 2006.

Glossário

Amplitude de termos de busca: Refere-se ao número de termos de busca que contêm um termo ou expressão específica em comparação ao número de termos de busca específicos em um dado período de tempo.

Fluxo de cliques: Relatório que detalha os sites ou categorias de sites visitados imediatamente antes e imediatamente depois da visita a um site ou categoria.

Demografia: Refere-se a uma medida de gênero, idade, renda familiar e distribuição regional por estado para visitantes de um site ou categoria.

Mosaic: Sistema de segmentação geodemográfica que divide a população dos EUA em doze grupos e cinquenta tipos com base em características comportamentais únicas.

Participação de mercado: Porcentagem de todas as visitas ou solicitações de uma página para um setor de mercado on-line em particular recebidas por um determinado website.

Prizm: Sistema de segmentação da Claritas baseado em geodemografia. Os segmentos Prizm também são representados em dois grupos — "estilo de vida" e "grupo social" — que se compõem de múltiplos segmentos Prizm.

Psicografia: Sistema que agrupa os indivíduos com base em comportamento, crenças e características demográficas únicas.

Todas as categorias: Inclui as 172 categorias rastreadas pela Hitwise. Quando usada nos gráficos, a expressão "todas as categorias" refere-se à participação de mercado de um site ou categoria de visitas em comparação às visitas a todos os sites no âmbito da base de dados da Hitwise.

Todos os sites: Inclui todos os websites visitados (mais de um milhão) por usuários da internet nos Estados Unidos, distribuídos em 172 categorias, exceto as categorias "adulta", "provedores" e "servidores de anúncios".

Visitas de usuários: Uma série de solicitações de páginas por parte de um visitante num período de trinta minutos consecutivos sem inatividade, identificada por um conjunto de solicitações de páginas por parte de um único identificador.

Volume de buscas: Refere-se ao número de buscas de um dado termo ou expressão em comparação com todas as buscas em um determinado intervalo de tempo.

Índice remissivo

A

B

C

D

E

F

G

H

I

J

K

L

M

N

O

P

U

V

W

X

Y

Este livro foi impresso em papel Pólen Soft 80g
na gráfica Cromosete. São Paulo, Brasil, verão de 2009.